KB167374

_____ 학교 ____ 학년____반_____ 의 책이에요.

❸ 스스로 활동해 보세요

이 시리즈는 단지 지식을 전달하기 위한 교양서가 아니에요. 어린이 여러분이 교과서로 수업 시간에 배운 내용을 실제 현장에서 직접 체험하며 익힐 수 있도록 다양한 활동 내용을 담았지요. 책 중간이나 뒷부분에 이해를 돕기 위한 활동이 있으니 꼭 스스로 정리해 보세요.

❹ 견학 후 활동이 다양해요

체험학습 후에는 반드시 여러 가지 활동을 해 보세요. 보고서 쓰기, 신문 만들기, 그림 그리기 등 다양한 활동을 통해 체험학습에서 보고 들은 내용을 다시 한번 정리하면 알찬 체험학습이 될 거예요.

신나는 교과 체험학습 60

꿈과 상상의 무대로 초대합니다 **국립극장**

초판 1쇄 발행 | 2008. 10. 21.
개정 2판 4쇄 발행 | 2023. 11. 10.

글 김순국 | **그림** 김원희 | **감수** 남성호

발행처 김영사 | **발행인** 고세규
등록번호 제 406-2003-036호 | **등록일자** 1979. 5. 17.
주소 경기도 파주시 문발로 197(우10881)
전화 마케팅부 031-955-3100 | 편집부 031-955-3113~20 | 팩스 031-955-3111

값은 표지에 있습니다.
ISBN 978-89-349-9152-6 64000
ISBN 978-89-349-8306-4 (세트)

좋은 독자가 좋은 책을 만듭니다. 김영사는 독자 여러분의 의견에 항상 귀 기울이고 있습니다.
전자우편 book@gimmyoung.com | 홈페이지 www.gimmyoungjr.com

어린이제품 안전특별법에 의한 표시사항

제품명 도서 제조년월일 2023년 11월 10일 제조사명 김영사 주소 10881 경기도 파주시 문발로 197
전화번호 031-955-3100 제조국명 대한민국 ⚠️주의 책 모서리에 찍히거나 책장에 베이지 않게 조심하세요.

꿈과 상상의 무대로 초대합니다

국립극장

글 김순국 그림 김원희 감수 남성호

주니어김영사

차례

국립극장에 가기 전에

미리 준비하세요

준비물 《국립극장》 책, 수첩, 연필, 사진기, 차비와 필요한 경비

미리 알아 두세요

국립극장의 네 개 극장
중구 장충단길에 있는 국립극장에는 총 네 개의 극장이 있어요. 1200석의 대규모 극장인 해오름극장, 연극과 창극 전용의 달오름극장, 100석 규모의 아담한 극장인 별오름극장, 국내 최초 돔형 극장인 하늘극장이 있어요.

국립극장이 하는 일
국립극장은 나라에서 만든 기관으로, 우리의 문화를 키우기 위해 만든 극장이에요. 그래서 우리나라를 대표하는 공연을 만들고, 예술가 및 무대 제작진을 기르는 일을 해요. 뿐만 아니라 국제 교류를 통해 우리 문화 예술을 세계에 알리기도 하지요.

가는 방법

지하철   3호선 동대입구역 6번 출구로 나와서 순환(노랑)버스 04번을 타거나 10분 정도 걸어가요.

시내버스   '국립극장' 버스 정류장에서 내려요.
순환(노랑)버스 04번 / 간선(파랑)버스 420번

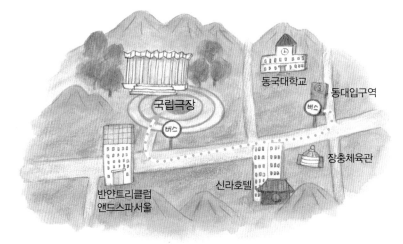

국립극장은요······.

멋진 무대 위에서 배우들이 연기하는 연극을 본 적이 있나요? 이렇게 무대 위의 연극이나 무용, 음악 연주, 판소리 같은 것을 모두 공연 예술이라고 해요. 멋진 그림만 예술 작품이 아니라 감동적인 공연도 예술이랍니다. 이런 공연 예술을 우리에게 보여 주는 곳이 바로 극장이에요.

서울의 중심에 있는 남산에 우리나라를 대표하는 극장이 있어요. 바로 국립극장이에요. 이곳은 일제 강점기 동안 침체되었던 전통 예술을 보전하고 꽃피우기 위해 1950년에 만들었어요. 국립극장은 멋지게 만들어진 건물의 이름일 뿐 아니라 여러 가지 공연을 만드는 단체들을 이르는 말이기도 해요. 이 곳에서는 우리 전통 공연 문화를 책임지는 일을 하고 있어요. 그렇다면 정확히 어떤 일을 하는지 국립극장으로 가 볼까요?

국립극장을 돌아보면서 공연 예술에 대해 알아보고, 문화의 향기를 느껴 보세요.

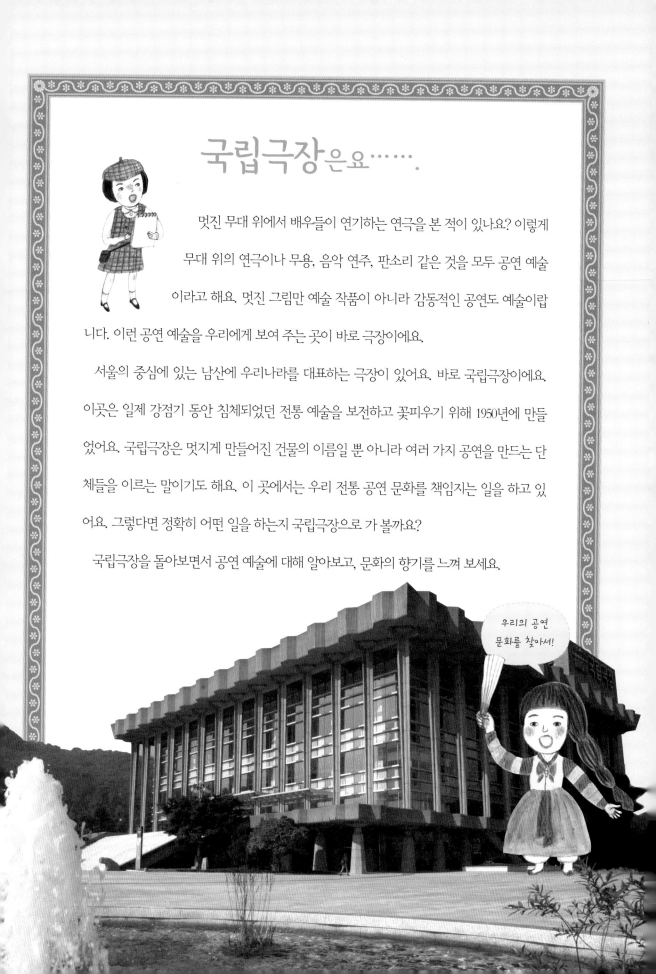

우리의 공연 문화를 찾아서!

한눈에 보는 국립극장

남산을 등지고 자리한 국립극장에는 네 개의 극장이 있어요. 제일 먼저 보이는 해오름극장을 시작으로 달오름극장, 별오름극장, 하늘극장이 있지요. 네 곳 모두 극장의 규모와 올리는 공연의 종류가 다르답니다. 그리고 국립극장 안에는 국립창극단, 국립무용단, 국립국악관현악단 등 세 개의 전속 단체가 활동하고 있어요. 어떤 극장에서 어떤 공연을 관람할 수 있는지 알아보아요.

해오름극장

국립극장에 들어서서 제일 먼저 보이는 해오름극장은 1천 500여 석의 대규모 대극장으로, 객석에서 무대가 정면으로 보이게 만들었어요. 연극, 뮤지컬, 무용, 오페라, 국악 등 모든 장르를 공연할 수 있는 극장이에요.

문화 광장

국립극장의 앞마당으로, 광장과 해오름극장 계단을 연결하여 다양한 야외 행사를 벌이는 곳이에요.

이런 순서로 둘러보아요!

해오름극장 로비 → 객석 → 무대 → 무대 뒤 → 무대 제작실
→ 무대 의상실 → 소품 보관실 → 공연예술자료실 → 극장체험교실

달오름극장

해오름극장 뒤쪽에 있는 극장으로, 400여 석의 작은 규모예요. 국립 예술단체들의 대표 공연이 열리는데 주로 연극과 창극 전용 극장으로 사용해요. 극장의 한쪽에는 국립극장의 전속 단체와 지원하는 사람들이 일하는 공간이 있어요.

별오름극장

다른 극장들과 멀리 떨어져 있는 별오름극장은 100석 규모의 아담한 극장이에요. 새로운 양식의 공연, 젊은 예술가들의 자유로운 창작 작품을 주로 공연하고 있지요.

하늘극장

가장 최근에 새로 만든 700여 석의 극장으로, 지붕의 일부가 열리는 국내 최초 돔형 공연장이에요. 그 안의 무대는 360도를 빙 둘러가며 관객석으로 둘러싸여 있어요. 주로 어린이와 청소년을 위한 공연과 행사를 하고 있어요.

극장은 어떤 곳일까요?

우리 주변에는 어떤 극장들이 있나요? 재미있는 영화를 상영하는 극장, 크고 작은 연극을 올리는 극장이 있어요. 또 멋진 무용을 보여 주는 극장과 멋진 음악 연주를 들려 주는 곳도 있어요. 이런 극장에서 우리는 갖가지 볼거리를 즐길 수 있지요. 이 가운데 우리나라 정부에서 국민들을 위해 만든 곳도 있어요. 바로 국립극장이지요.

극장으로 들어가 볼까요?

지금부터 국립극장을 둘러보면서 극장이 어떤 곳인지 알아보려고 해요. 먼저 국립극장이 생겨난 때와 하는 일을 자세히 알아봐요. 이어서 극장의 구석구석을 탐방해 보아요. 우리가 공연을 보러 극장에 가서 나오기까지의 과정을 따라가면서 극장의 구조도 함께 알아보는 거예요. 그러면서 극장에서의 기본 예절과 왜 그렇게 해야 하는지 이유도 알아보아요. 이와 함께 공연 문화를 즐기는 마음도 길러 보세요.

공연의 즐거움을
느껴보세요.

여기는 국립극장이에요

나라에서 만든 모든 기관의 이름에는 '국립'이라는 낱말이 붙어요. 국립극장 역시 마찬가지예요. 나라에서 우리의 문화를 키우기 위해 만든 극장이에요. 국립극장은 공연을 올리는 극장이면서 극장에서 **상연**되는 작품을 만드는 단체이기도 해요.

국립극장이 처음 만들어진 것은 1950년 4월 29일이에요. 일제 강점기인 1935년, **경성부**가 만든 부민관을 국립극장으로 만들었고, 이와 함께 여기에서 공연할 연극을 만들 국립극단이 생겼어요. 하지만 곧 한국 전쟁이 일어나서 국립극장을 대구로 옮겼어요. 전쟁 이후 1957년에 국립극장을 서울 명동으로 옮겼고, 그 기간 동안에 국립창극단, 국립무용단, 국립오페라단, 국립교향악단, 국립발레단, 국립합창단이 차례로 생겨났어요. 그 뒤 오랜 준비를 거쳐 1973년 남산 아래로 건물을 옮겼고, 이것이 지금의 국립극장이에요.

🌸 **상연**
연극 같은 공연을 무대에서 보이는 거예요.

🌸 **경성부**
일제 강점기에 서울을 담당한 기관이에요.

1950년에 국립극장이 생겨났어요. 국립극장과 함께 연극을 만드는 국립극단이 생겨났지요.

국립극장에서는 어떤 일을 하나요?

국립극장 외에도 연극을 만들고 공연을 하는 곳은 많아요. 하지만 국립극장은 일반 극장이나 단체와는 좀 다른 일을 해요. 어떤 점이 다를까요?

첫째, 우리나라를 대표하는 공연 작품을 만들어요. 운동 선수들이 올림픽이나 국제 경기에서 좋은 성적을 거두어 우리나라를 빛내듯이 국립극장과 이곳에 속한 예술가들도 세계에 자랑할 만한 공연을 만들고 있지요.

둘째, 예술가 및 무대 제작진을 기르는 일을 해요. 계속 작품을 올리고 공연을 하면서 좋은 인재를 기르는 일은 작은 극장들이 할 수 없거든요.

셋째, 국제 교류를 통해 우리 문화 예술을 세계에 알리고, 외국의 문화와 공연을 국민들에게 소개해요. 그 방법의 하나로 〈세계 국립극장 페스티벌〉을 열어요. 2007년에 시작된 이 행사는 세계 여러 나라의 국립 예술 단체가 모여서 대표 작품을 공연하는 거예요. 해마다 9월과 10월 두 달 동안 진행되는데, 첫 해에는 우리나라와 그리스, 중국, 몽골 등 7개 나라의 국립단체가 참여하여 〈엘렉트라〉 〈뷰티풀 몽골리아〉 등 10개 작품을 상연했어요. 이 행사에는 다른 나라의 문화를 엿볼 수 있는 민속 의상 전시회 등도 같이 열렸어요.

2008년 〈세계 국립극장 페스티벌〉 포스터
8개 나라에서 온 국립 예술 단체에서 다양한 공연을 했어요.

극장은 어떻게 구성되어 있나요?

연극, 창극, 무용, 뮤지컬, 오페라, 국악 등의 공연을 볼 수 있는 공간을 통틀어서 극장이라고 해요. 어떤 극장은 규모가 크고, 어떤 극장은 무대 모양이 특별하기도 하지만, 크게 무대와 객석으로 이루어진 극장의 기본 구조는 모두 비슷해요. 지금부터 국립극장을 대표하는 해오름극장을 둘러보면서 극장의 기본 구조를 알아볼까요? 극장 내부는 크게 로비와 객석, 무대로 이루어져 있어요. 극장으로 들어가서 제일 먼저 보이는 곳이 바로 로비예요. 그리고 출입문으로 들어가면 그 안을 가득 메운 객석이 보이고, 그 앞에 무대가 있어요. 그럼 로비·객석·무대는 각각 어떤 모습이며, 어떤 역할을 하는지 알아볼까요?

극장을 규모로 나누어 볼까요?
극장의 크기는 객석 수로 말할 수 있어요. 1천 석 이상의 객석이 있는 극장을 대극장이라고 해요. 그리고 400석 이상 900석 이하의 객석이 있는 극장을 중극장, 300석 이하의 객석이 있는 극장을 소극장이라고 해요. 국립극장에는 세 종류의 극장이 모두 있는데, 그 가운데 해오름극장은 대극장이에요.

🌼 해오름극장을 통해 본 극장의 구조

해오름극장은 가장 기본적인 형태의 대극장이에요. 그래서 해오름극장을 보면 극장에는 어떤 곳이 있는지, 어떻게 이루어져 있는지 미루어 알 수 있답니다.

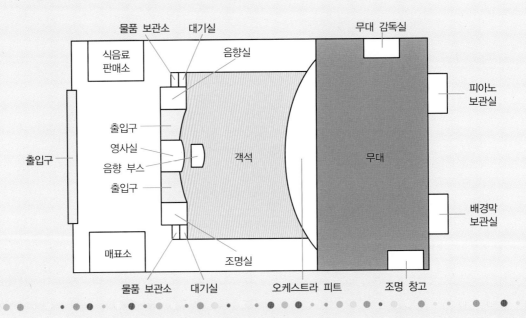

로비에서 기다려요

극장에 들어가면 맨 먼저 넓은 공간이 나와요. 바로 로비예요. 극장 출입구와 객석 사이의 공간이지요. 공연이 시작되기를 기다리는 곳이며, 공연 중간에 휴식 시간을 보내는 곳이에요.

로비에는 어떤 곳이 있는지, 무엇을 하는 곳인지 주위를 둘러보아요.

극장의 로비 전경
극장에 들어와서 객석으로 들어가기 전 머무는 공간이에요.

매표소
공연을 보러 온 사람들이 가장 먼저 하는 일은 매표소에서 표를 사거나 예매한 표를 받는 거예요.

좌석 안내도
들어가는 문 옆의 좌석 안내도를 보고, 표에 지정된 자기의 자리가 어디인지 확인하세요.

물품 보관소
꽃다발이나 부피가 큰 물건 등은 물품 보관소에 맡겨 주세요.

식음료 판매대
식음료 판매대에서는 음료수나 간단한 음식을 먹을 수도 있어요.

프로그램 판매대
공연에 대해 궁금한 사람들은 공연에 대한 책인 프로그램을 사서 봐도 좋겠죠?

화장실
한 시간이 넘게 걸리는 공연을 잘 보려면 미리 화장실을 다녀오세요.

로비에 뭐가 있지?

11

공연장 안으로 들어가요

시간이 되면 공연장 출입문에서 객석 안내원에게 관람권을 보여 주고 객석으로 들어가요. 들어가기 전에 좌석 안내도를 보고 확인해 둔 자리를 찾아서 앉으세요. 객석 구역은 조금 어둡고 계단도 있으니 조심해야 해요. 자리를 찾기 어려울 때에는 안내원의 도움을 받아도 좋아요.

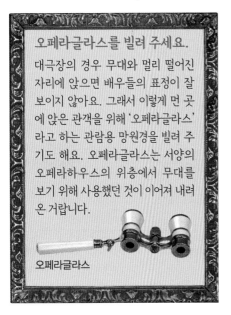

오페라글라스를 빌려 주세요.

대극장의 경우 무대와 멀리 떨어진 자리에 앉으면 배우들의 표정이 잘 보이지 않아요. 그래서 이렇게 먼 곳에 앉은 관객을 위해 '오페라글라스'라고 하는 관람용 망원경을 빌려 주기도 해요. 오페라글라스는 서양의 오페라하우스의 위층에서 무대를 보기 위해 사용했던 것이 이어져 내려온 거랍니다.

오페라글라스

자리에 앉으면 공연을 감상할 준비를 해 보세요. 공연이 시작되기 전에 무대는 검고 긴 막으로 가려져 있지만 시작을 알리는 종이 울리면 막이 위로 올라가지요. 그러고 나면 웅장한 배경 그림 앞으로 여러 배우들이 나와요. 똑바로 앉아서 무대를 보며 배우들의 연기를 감상해 보세요. 주인공이 누구인지, 어떤 이야기가 펼쳐지는지 눈과 귀, 마음을 열고 감상하는 거지요.

공연을 보는 동안 조심할 것은 옆 사람과 떠들거나 음식을 먹으면 안 된다는 거예요. 영화를 볼 때에는 팝콘도 먹고 음료수도 마실 수 있는데 왜 여기서는 안 되냐고요? 영화는 이미 촬영해 놓은 화면을 보여 주는 것

공연을 보러 가요

극장에서 멋진 작품을 공연한다는 소식을 들었어요. 이 공연을 보려면 제일 먼저 무엇을 해야 할까요? 그리고 극장에 가서는 어떤 순서로 공연을 보는 것인지 아래의 그림을 보면서 알아보아요.

① 공연을 보기 위해 표를 예매해요.

② 극장 로비에 도착해서 표를 찾아요.

③ 로비에서 입장할 준비를 해요.

공연 관람 예절
공연 중에 이야기를 나누거
나 음식을 먹으면 안 돼요.
직접 무대에서 공연을 하는
배우나 연주자에게는 작은
소리도 방해될 수 있어요.

이라서 시끄럽지 않게 본다면 문제가 없어요. 하지만 바로 앞에서 공연을 하는 예술가에게는 객석에서 관객이 음식을 먹거나 떠드는 것이 방해가 될 수 있기 때문이에요. 물론 옆 자리에 앉은 사람이 공연에 몰두하여 관람하는 것에도 방해가 되지요.

지각하면 안 돼요.

공연 시작 30분 전에는 객석 문을 열었다가 공연이 시작되면 공연과 관람에 방해를 받지 않도록 문을 닫아요. 그래서 늦게 온 사람들은 함부로 들어갈 수 없어요. 출입문 밖이나 대기실에서 기다리다가 공연의 흐름을 깨지 않는 때에 안내원의 안내에 따라 입장해야 해요. 보통 한 곡이 끝나거나 막이 바뀔 때 들어갈 수 있어요.

④ 공연장으로 들어가서 자리에 앉아요.

⑤ 즐겁게 공연을 봐요.

⑥ 공연이 끝나면 질서를 지켜서 나와요.

특별한 손님을 위한 자리

극장을 찾아온 사람들은 각양각색이에요. 이 가운데에서는 아주 중요한 손님도 있고, 몸이 불편하거나 다른 사람들과 함께 관람하기 어려운 손님들도 있어요. 이런 사람을 위해 극장에는 특별한 장소가 마련되어 있어요.

극장에는 대통령을 비롯하여 외국의 대사와 유명한 인사들이 오기도 해요. 이런 경우 경호가 필요하지요. 그래서 공연 전에 '오늘의 손님방'에 머무르다가, 2층의 '오늘의 손님석'에서 관람하게 하지요. 얼른 보면 이들을 위한 배려로 보이지만, 다른 사람들이 공연을 보는 데에 방해를 주지 않으려는 뜻이 있어요.

이외에 몸이 불편한 사람들을 위해서 장애인석을 준비해 두었어요. 일반 좌석이 아니라 휠체어를 타고 공연을 관람할 수 있는 공간을 마련해 둔 거예요. 해오름극장에는 이런 자리가 16석이 있어요. 그 외에도 장애인 전용 주차 구역과 화장실, 휠체어 리프트 등을 설치하여 항상 사용할 수 있도록 하고 있어요.

극장에는 어린이와 함께 온 부모들을 위한 곳도 있어요. 객석에 들어갈 수 없는 3세 미만의 어린이를 데리고 온 부모는 늦게 도착한 관객이 기다리는 '대기실'에서 공연을 보면 돼요. 7세 미만의 어린이는 엄마 아빠가 공연을 보는 동안 어린이 놀이방에서 즐거운 시간을 보낼 수 있지요.

오늘의 손님방

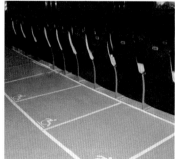
장애인석

대기실

무대에 무엇이 있나요?

막이 올라간 무대에 조명을 비추면 마치 꿈을 꾸듯이 매력적인 장면이 펼쳐져요. 장마다 바뀌는 무대는 마술 같이 신비로워요. 이런 감동을 주기 위해 무대에는 다양한 장비와 기구들이 숨겨져 있어요.

무대의 바닥은 춤을 추는 곳이라는 뜻으로, '댄싱 플로어'라고 해요. 단단한 마룻바닥인데, 작품에 따라서 부분적으로 덧마루를 대어 무대를 높이기도 해요. 그 뒤로 보이는 배경 그림은 커다란 천에 그린 그림을 걸고 긴 봉에 매어 올리는 거예요. 그 앞에 여러 가지 재료로 만든 집이나 나무 등을 세우기도 해요.

무대에서 중요한 또 하나는 빛을 비추는 조명이에요. 무대 위쪽에 있는 조명은 조명기를 긴 봉에 달아서 올리거나 조명 타워에 매달아요. 이런 조명기와 전선 등을 보관하는 곳이 조명 창고인데, 무대 뒤에 있어요. 그 외에 무대

뒤쪽에는 연주에 쓰이는 그랜드 피아노를 보관하는 그랜드 피아노 창고와 무대를 총괄하는 감독의 무대 감독실이 있지요.

그랜드 피아노 창고
그랜드 피아노를 보관하는 곳이에요.

조명
멋진 무대를 만들기 위해 쓰는 빛이에요.

> **프로시니엄 무대라고요?**
> 해오름극장의 무대에 공연이 시작되고 배우가 나오면 무대는 마치 한 폭의 그림이 되어요. 배경 그림 앞에 움직이는 배우들에게 조명이 비추면 명화를 보는 것처럼 감동적이지요. 이렇게 무대의 모양이 액자 속의 그림을 감상하는 듯한 무대를 프로시니엄 무대라고 하는데, 가장 흔하고 대표적인 무대의 형태랍니다.

총괄
여러 가지를 한 데 모아서 묶은 것을 말해요.

조명기와 덧마루
공연에 쓰일 조명기 뒤에 덧마루가 쌓여 있어요.

조명 타워
여러 가지 조명기를 설치하는 곳 중 하나예요.

무대 감독실
무대를 총괄하는 감독이 공연 기간 동안 업무를 보는 곳이에요.

15

여기서 잠깐!

극장에서 볼 수 있는 곳을 찾아보세요

공연을 관람하는 극장에는 다양한 장소가 있어요.
아래의 글이 설명하는 곳을 보기 에서 찾아 빈칸에 써 보세요.

1. 배우에게 선물할 꽃다발은 (   )에 맡겨 둘 수 있어요.

2. 공연에 늦은 사람들은 (   )에서 기다리다가 들어가요.

> **보기**
> 물품 보관소   화장실   대기실   조명 창고   무대

☞ 정답은 72쪽에

공연을 돋보이게 하는 곳

🌸 **음향**
공연에 나오는 음악과 소리 등을 말해요.

배경 그림 앞에서 배우가 연기를 하는 장면을 더욱 돋보이게 하는 것은 무엇일까요? 바로 조명과 **음향**이에요. 무대를 비추는 조명이 무대를 생동감 넘치게 해 준다면, 음향은 이야기에 감정을 실어 주는 역할을 하지요.

조명과 음향을 조절하는 곳을 조명실과 음향실이라고 하는데, 무대의 맞은편인 객석 뒤쪽에 있어요. 무대가 잘 보이도록 높은 곳에 설치했지요. 조명실에는 조명을 켜고 끄며 움직이는 조절기가 있고, 음향실에는 정해 놓은 음악이나 소리를 틀고 마이크 등의 장비를 조정하는 기기가 있어요. 음향을 섬세하게 조절해야 하는 공연일 경우에는 음향실에서 나와 객석의 뒤쪽에 자리 잡기도 해요. **영사기**를 이용해 특별한 그림이나 사진을 비춰 주기도 하는데, 일반적으로 조명실 안에서 함께 작업한답니다.

🌸 **영사기**
필름에 촬영된 그림을 빛으로 쏘아서 크게 보여 주는 장치예요.

무대를 비추는 조명

조명실

음향실

무대 장비를 집에서 만들 수 있다고요?

공연에 필요한 장비 중 가장 대표적인 것이 조명과 음향이에요. 공연 때 쓰는 조명은 색깔도 여러 가지이며, 종류도 다양해요. 하지만 기본적인 원리는 집에서 쓰는 전등과 다르지 않아요. 빛을 만드는 전구에 전기를 연결하여 작동하는 것이지요. 물론 무대의 조명은 집의 전등보다 적게는 10배, 많게는 100배까지 더 밝고, 전문 기술자가 특수한 기기로 조절하지요.

음향도 역시 복잡하고 전문적인 장치를 통해서 섬세한 소리를 전달해 주지요. 하지만 기본 원리는 우리가 집에서 사용하는 오디오와 같아요. 극장의 음향 장비는 소리를 받아들이는 마이크, 크게 만드는 스피커, 여러 소리를 섞고 조절하는 앰프와 믹서 등이 따로 구성되어 전문 기술자가 조절하는 기기예요. 그런데 집에서 쓰는 오디오는 이 부분들이 하나로 합쳐져 간편하게 쓰지요.

이런 차이가 있지만 기본 원리가 같기 때문에 우리도 집에서 무대를 만들 수 있어요. 무대가 될 자리에는 카페트를 깔고, 스탠드를 가져와서 조명을 설치해요. 그리고 오디오로 음악을 들어 보세요. 어떤가요? 무대를 만드는 것이 별로 어렵지 않지요?

무대의 조명 장치는 집 안의 스탠드나 조명등으로 만들고, 음향 기기는 오디오로 만들면 되지요.

멋진 공연을 해요 1

환상적인 연극,
구성진 우리 창극

재미있는 이야기를
무대 위에서
보여 드릴게요!

웅장한 해오름극장 뒤에 있는 달오름극장 안에서는 국립극장의 전속 단체들이 공연을 만들고 있어요. 연극을 만드는 국립극단, 판소리로 공연을 하는 국립창극단, 우리 춤을 멋들어지게 추는 국립무용단, 국악기로 아름다운 소리를 만들어 내는 국립국악현악단 등 세 개의 단체예요. 연극을 만드는 국립극단도 전속 단체였지만, 2010년에 재단을 설립해 독립했답니다. 이 단체들은 모두 우리나라 최고의 기량을 자랑하는 사람들이 모여서 작품을 만들어내고 있지요.

이 가운데 국립극단과 국립창극단을 만나볼 거예요. 두 단체
는 무엇을 하기 위해 만들어진 것인지 알아보고 이곳에서는 어
떤 공연을 만드는지 생각해 보아요. 연극은 무엇인지, 창극이란
어떤 것인지 말이에요. 그런 다음 연극과 창극 공연을 무대에
올리기 위해서 어떤 준비 과정을 거치는지 알아보아요.

자, 이제 숨을 죽이고 극장 안으로 들어가 볼까요? 감동적인
공연이 끝나면 박수치며 감사의 마음도 전해 보세요.

배경도 의상도
멋져요.

연극을 만들어요 국립극단

연극이란 배우가 무대 위에서 대본 속의 인물로 분장하여 말과 몸짓으로 이야기를 들려 주는 공연 예술이에요. 배우의 말이 중심이며, 몸짓과 춤을 곁들이기도 하지요. 요즘 우리가 보는 연극은 우리나라의 전통 연극이 아니라 서양에서 온 형태의 연극이에요. 이런 연극이 들어온 것은 1908년이라고 해요. 그리고 1923년 일제 강점기의 도쿄 유학생들이 중심이 되어 만든 〈토월회〉가 연극을 올리면서 본격적으로 시작되었어요.

그 뒤 1950년 국립극장이 세워지면서 국립극단이 함께 생겨났어요. 원래 국립극장의 전속 단체였는데, 2010년에 재단을 설립해 독립했어요. 국립극단은 우리나라에 유일한 국립 연극 단체로, 전쟁을 겪으면서도 연극 무대를 이어갔어요. 그리고 일반 극단이 하기 어려운 작품이나 실험성이 강한 창작극을 만들어 왔어요.

국립극장 개관 기념 공연 〈원술랑〉 포스터
1950년 4월. 신라 화랑 원술랑의 이야기로 국립극장 초대 극장장이었던 유치진의 희곡을 올린 거예요.

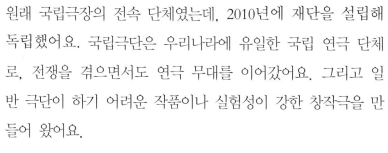

〈산불〉 공연 장면
1962년 공연된 것으로 차범석 원작이에요.

〈원술랑〉 공연 장면
신라 화랑 원술랑의 이야기예요.

〈귀족놀이〉 공연 장면
2004년 공연된 몰리에르 원작의 연극이에요.

연극을 만드는 사람들

연극은 크게 세 분야의 사람들이 힘을 합쳐 만들어요. 어떤 연극을 만들지 정하고 다른 사람에게 알리는 일을 하는 기획 분야, 연극 무대에서 연기를 하는 배우들이 속한 연기 분야, 연극을 만들고 무대와 배우를 완성하는 제작진 분야가 바로 그것이지요. 공연을 하기 위해서 각 분야마다 어떤 사람이 일하고 있는지 하나하나 알아보아요.

🌻 제작진
공연을 제작하는 사람들로, 스태프라고도 해요.

공연을 만들기 위해 꼭 필요한 사람들

공연을 기획하고 제작하는 전 과정에 필요한 사람들로, 각 분야에서 책임을 다할 때 멋진 공연이 완성돼요.

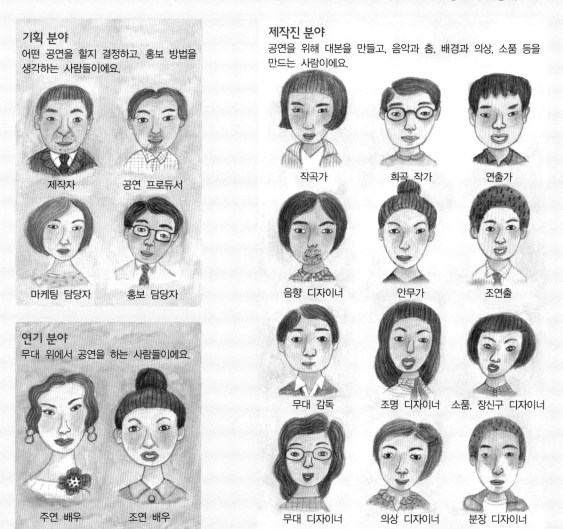

기획 분야
어떤 공연을 할지 결정하고, 홍보 방법을 생각하는 사람들이에요.

제작자 공연 프로듀서

마케팅 담당자 홍보 담당자

연기 분야
무대 위에서 공연을 하는 사람들이에요.

주연 배우 조연 배우

제작진 분야
공연을 위해 대본을 만들고, 음악과 춤, 배경과 의상, 소품 등을 만드는 사람이에요.

작곡가 희곡 작가 연출가

음향 디자이너 안무가 조연출

무대 감독 조명 디자이너 소품, 장신구 디자이너

무대 디자이너 의상 디자이너 분장 디자이너

인간의 삶을 무대 위에

공연을 만들기 시작해서 끝낼 때까지 어떤 과정이 필요할까요? 공연을 정하는 단계에서부터 누가 어떤 일을 하는지 알아보세요.

<연극을 만드는 과정>
① 기획
- 대본 확정
- 제작진 확정
- 작품 컨셉트 협의

연극을 기획해요

연극의 제작자나 공연 프로듀서는 공연을 위해서 제일 먼저 작가를 선정하여 희곡을 써 달라고 부탁하거나 또는 이미 완성된 희곡 작품 중에서 공연 작품을 결정해요. 희곡이란 연극을 하기 위해 쓴 대본을 말해요. 그러니 연극은 희곡에 따라 만들어지는 것이지요. 즉, 희곡을 정하는 것이 연극 기획의 가장 중요한 일이랍니다.

희곡이 결정되면 다음에는 연출가를 정하고, 연출자와 협의하여 작곡가, 무대 디자이너, 조명 디자이너, 의상 디자이너, 소품 디자이너 등의 제작진을 구하지요. 그리고 회의를 통해 작품의 분위기나 의미 등을 정하는 작품 **콘셉트** 회의를 하고 각 제작진은 각자 맡은 분야의 준비를 시작하지요.

대본은 어떻게 구성되어 있을까?

대본은 해설, 대사, 지문의 세 가지로 이야기를 구성하고 있어요. 해설은 제일 앞에 나오는 부분으로 배경이나 인물에 대해 이야기해 주는 부분이에요. 배우가 하는 말은 대사, 배우의 동작이나 무대 배경 등에 대한 것은 지문으로 되어 있어요.

🌼 **콘셉트**
영어로 개념이라는 뜻으로, 공연의 방향을 말해요.

희곡을 정하는 것이 기획의 시작이지요

🌻 연극에는 대본이 필요해요

연극의 희곡을 대본이라고 하는데, 누가 등장하는지 어떤 대화를 하는지 잘 나와 있어요.

왼쪽에 있는 <이성계의 부동산>은 이근삼 원작으로 1994년 공연 대본이에요. 가운데의 <천사여 고향을 보라>는 토머스 울프 원작으로 1978년 공연 대본이에요. 오른쪽은 셰익스피어의 4대 비극 중 하나인 <오셀로>의 대본이에요.

연극 배우가 되려면

객석에 앉아 있는 관람객의 눈을 사로잡는 배우가 되려면 어떤 준비를 해야 할까요?

먼저 배우가 되기 위한 공부를 해야 해요. 예술고등학교에 진학하여 연기를 배우거나, 대학에서 연극영화과를 선택하는 방법이 있어요. 그 외에도 연기를 가르쳐 주는 학원에서 수업을 받을 수 있어요.

그리고 다양한 연극이나 영화를 보면서 연기에 대한 경험을 쌓아요. 다양한 배우들의 연기를 보면서 꿈을 키우는 것이지요. 그리고 문학 작품을 읽거나 음악 감상을 하면서 감수성을 키우는 것도 필요해요. 세계적인 작가들의 작품을 읽고 공연을 보면서 다양한 사람들의 희로애락을 대신 경험하는 거지요. 그 외에도 외국에서 공부를 하는 등의 방법도 있어요. 하지만 무엇보다 배우가 되고자 하는 열정과 끊임없는 노력이 중요하답니다.

거울을 보며 연기 연습을 해요.

국립극장의 배우, 무용수, 연주자가 되려면

국립극장 전속 단체의 배우, 무용수, 연주자를 뽑는다는 공고가 홈페이지에 올라오면 아래와 같은 방법으로 국립극장의 단원이 될 수 있어요.

1. 응시 원서를 받아서 작성하여 접수해요.
2. 1차 시험은 서류의 내용만으로 사람을 뽑아요. 1차 시험에 합격해야 2차 시험을 볼 수 있어요.
3. 2차 시험은 직접 연기를 하는 실기 시험이에요. 이때 심사 위원 앞에서 심사 위원이 시키는 '지정 실기'와 자신이 보여 주고 싶은 '자유 실기'를 해요.
4. 며칠 뒤 합격자 발표를 확인하고, 국립극장 전속 단체에서 활동해요.

연습하며 공연을 준비해요

공연을 만들 제작진이 확정되면 연출가는 제작자, 공연 프로듀서, 작곡가, 안무가와 함께 무대에 오를 배우들을 뽑는 **오디션**을 해요. 배우들은 자기가 하고 싶은 배역을 맡기 위해 열심히 준비해서 보여 주지요. 이런 과정을 거쳐 알맞은 배우를 뽑고 나면 이제 남은 일은 연습을 하는 거예요. 자기의 역할을 완벽히 익히는 것은 물론 다른 사람과 호흡을 잘 맞춰야 작품 전체가 빛날 수 있거든요.

보통 석 달 정도의 기간 동안 하루에 4시간에서 8시간 정도 연습을 해요. 한 장면을 집중적으로 맞춰 보는 장면 연습과 작품 전체의 흐름을 맞춰 보는 전체 연습을 번갈아서 하면서, 배우들은 점점 그 역할에 빠져들어요. 이 기간 동안 연출가와 제작진들은 무대와 의상, 소품을 디자인하고, 홍보·마케팅 담당자는 홍보물을 만들어 작품을 알리기 시작해요. 최종 연습을 열흘 정도 앞두면 조명과 음향 디자인도 정해지지요.

오디션
배우나 가수 등을 뽑기 위해 실제 연기나 노래, 춤을 평가하는 시험이에요.

〈연극을 만드는 과정〉
① 기획
② 준비
├ 배역 및 일정
├ 연기 연습
└ 무대, 의상, 소품, 조명, 음향 등 디자인 확정

오디션
배우들은 원하는 배역을 맡기 위해 오디션을 봐요.

2006년 공연된 〈우리 읍내〉의 연습 모습
연출가는 배우들의 연기를 보고 방향을 잡아 주지요.

2006년 공연된 〈우리 읍내〉의 전체 연습 모습
개인 연습이 끝나고 나면 전체 배우가 모여 작품 전체를 맞춰 봐요.

여기서
잠깐!

이런 연기를 할래요

넓은 무대에 서서 객석을 바라보니 배우가 된
느낌이에요. 어떤 연기를 하는 배우가 되고 싶
은지 써 보세요.

무대에서 바라본 객석이에요.

☞ 정답은 72쪽에

리허설을 해요

공연을 앞두고 실제처럼 공연을 해 보는 것을 리허설이라고 해요.
리허설에 앞서서 무대 세트도 설치하고, 알맞은 곳에 음향 장비를 설
치해요. 마지막으로 조명 장비도 설치하고, 공연에서 조명이 켜지고
꺼지는 순서를 입력하는 조명 메모리 작업도 하지요. 이렇게 무대가
완성되면 리허설을 시작해요. 조명이나 음향을 사용하는 것은 물론
의상을 입고 분장도 한 뒤에 관객이 있는 것처럼 연기를 해요. 모든
것이 실제 공연과 똑같이 이루어지는 리허설을 통해 공연이 어떻게
펼쳐질 것인지 확인하고, 부족한 부분은 공연 전에 수정하기도 해요.

〈연극을 만드는 과정〉
① 기획
② 준비
③ 리허설

공연을 앞두고

공연을 앞두고 무대를 설치하여 조명, 음향 등을 준비해서 공연을 미리 해 보는 것을 리허설이라고 해요.

무대 세트를 설치하고, 배경 그림
도 걸어요.

공연에 필요한 음향 장비를 설치
해요.

긴 봉에 조명기를 매달고, 조명 메
모리를 입력해요.

배우들은 의상을 입고 실제 공연
처럼 연기를 해요.

공연을 시작해요

🌻 드레스리허설
의상과 분장을 전부 갖추고
리허설하는 것이에요.

공연 2~3일 전에 드레스리허설을 하고 나면, 공연 전날까지 제작진은 무대 세트, 조명, 음향, 의상, 소품, 장면 등을 손보고 최상의 무대를 만들기 위해 노력해요.

공연날 아침이 되면 극장의 로비에서는 관객을 맞을 준비가 한창이지요. 공연에 초대한 사람들을 위한 관람권을 미리 찾아서 매표소에 두고, 공연을 소개하는 프로그램 책자도 옮겨 두지요. 관객을 맞이할 로비의 준비는 공연 2시간 전까지 끝이 나요.

드디어 공연 시간이 되었어요. 공연을 알리는 종이 울리면 관객들은 숨을 죽이고 배우들은 무대에 나가 그 동안 연습한 것을 마음껏 펼치지요. 이렇게 관객들 앞에서 공연이 진행되는 동안에도 연출가와 제작진은 무대 상황을 체크하고 조절하고 있어요. 이렇게 보이지 않는 노력이 끊이지 않기 때문에 매끄러운 공연이 가능하답니다.

> **공연 기간에 배우는 어떻게 지낼까요?**
>
> 공연 기간에 배우들은 공연 시작 5시간 전에 극장에 나와서 의상이나 소품을 점검해요. 그리고 가볍게 몸을 풀고, 부진한 부분을 개인적으로 연습해요. 공연 2시간 전에 식사를 조금 하고 화장실에 미리 다녀온 뒤에, 1시간 전부터 공연 준비에 집중해요. 공연이 끝난 다음에는 자신의 의상이나 소품을 챙겨 두고 뒷정리를 하고 돌아가요.

> 〈연극을 만드는 과정〉
> ① 기획
> ② 준비
> ③ 리허설
> ④ 공연

🌻 무대에 오르기 전에

배우는 공연이 시작하기 전에 어떤 준비를 할까요? 아래의 사진을 보며 준비 과정을 알아보세요.

① 분장을 해요.

② 의상을 입어요.

③ 머리를 손질해요.

④ 무대에 오를 준비를 해요.

연극은 이렇게 생겨났어요

연극은 원시 사회의 종교 의식에서 시작되었어요. 옛날 사람들이 신에게 신의 탄생과 죽음 등을 노래와 춤으로 만들어 바치는 것이었어요. 그러다가 기원전 그리스의 도시 국가에서 디오니소스가 부활한 것을 축하하는 축제를 하면서 연극의 형태로 발전하게 되었어요. 술의 신인 디오니소스를 위해 춤을 추고 노래하던 디오니소스 제전이 바로 연극이 되었어요. 이 축제를 통해 작가와 배우, 음악을 담당하는 합창단도 생긴 거예요.

중세에 이르러서는 신들을 노래하던 연극은 사라지고 기독교와 교회가 중심이 된 종교극이 생겨났어요. 근세에는 르네상스와 함께 연극이 새롭게 발달했어요. 극장이 지어지고, 연극의 형식이 생겨났고, 이탈리아는 새로운 연극의 중심이 되어 영국, 프랑스, 에스파냐 등에 영향을 끼쳤어요.

우리나라의 연극의 시작 역시 마찬가지예요. 조상에게 감사하고 제사를 지키는 의식에서 시작되어, 중국에서 전래된 연극의 영향을 받으며 발달했어요. 우리의 전통 연극 중 하나가 탈춤이에요. 탈을 쓴 광대들이 춤을 추고 노래를 부르며 이야기를 들려 주는 것으로, 특히 양반을 우스꽝스럽게 나타내며 사회를 풍자하는 서민들의 공연 예술이었답니다.

고대 그리스의 디오니소스 제전에서 연극이 시작되었어요.

판소리를 널리 널리 국립창극단

우리나라에는 구성진 목소리로 노래를 부르며 이야기를 전하는 판소리가 있어요. 다른 이름으로 '창'이라고도 해요. 판소리를 하는 사람을 '소리꾼'이라고 하고, 소리꾼이 공연하는 것을 '소리를 한다.'고 말하지요. 판소리는 세계 어느 나라에서도 볼 수 없는 독특한 노래예요. 이렇게 우리 전통 소리를 지키고 발전시키기 위해 1962년에 국립창극단을 만들었어요. 이곳에서는 판소리 공연을 하며 젊은 소리꾼이 그 맥을 이어갈 수 있도록 돕지요.

최초의 창극은 무엇일까요?

판소리를 연극처럼 만든 창극이 최초로 공연된 것은 1902년 가을이었어요. 대한 제국의 고종 황제가 즉위한 지 40년이 된 것을 축하하는 행사로, 원각사에서 김창환이 〈춘향전〉을 공연했어요. 그 전의 판소리와 달리, 전국 남녀 명창을 모두 불러들여 연극처럼 소리를 했던 것이지요.

창극은 무엇일까요?

🏵 **고수**
판소리를 할 때 소리꾼을 이끌어 주는 북 치는 사람을 말해요.

🏵 **북장단**
판소리를 잘 할 수 있도록 박자를 맞추는 거예요.

판소리는 부채를 든 소리꾼이 고수의 북장단에 맞춰 이야기를 들려주는 것이고, 창극은 여러 명의 소리꾼이 함께 이야기를 풀어 가는 음악극이에요. 우리에게 널리 알려지지 않았지만, 100년의 역사를 자랑하는 한국 고유의 공연 예술이랍니다. 국립창극단에서는 판소리 다섯 마당을 창극으로 만들었고, 새로운 창극도 창작하고 있지요.

창극 〈청〉의 포스터

2007년 공연된 창극 〈청〉의 공연 장면

우리의 자랑, 판소리

우리 전통의 노래 방식인 판소리는 1964년에 중요 무형 문화재 제5호로 지정되었어요. 뿐만 아니라 2003년 11월에는 유네스코 인류 구전 및 무형 유산 걸작으로 등재되면서 국제적으로도 인정을 받았어요. 판소리의 예술성과 함께 민족의 희로애락을 잘 나타내고 있는 문화라는 점 때문이지요.

최고의 판소리 공연은 명창들이 판소리 다섯 마당* 중 하나를 처음부터 끝까지 해 내는 완창 무대예요. 보통 3~5시간이 걸리는 이 공연은 뛰어난 명창이 아니면 감히 할 수 없는 특별한 공연이에요. 소리꾼의 구성진 소리에 고수가 '얼쑤' 하고 추임새를 넣으면 소리꾼의 이야기에 빠져들어 시간가는 줄 모르지요.

국립극장에서는 1977년에 시작한 판소리 감상회를 1985년에 완창 판소리로 바꾸어 20여 년간 완창 공연을 하고 있어요. 지금까지 박동진, 성창순, 오정숙, 조상현, 조통달, 안숙선 등의 명창들이 참여했고, 이 무대를 통해 젊은 소리꾼들이 새로운 명창 대열에 올랐어요. 또, 7만5천여 명의 관객이 공연을 통해 판소리를 즐겼어요.

* 판소리 다섯 마당 : 춘향가, 심청전, 흥보가, 수궁가, 적벽가를 말해요.

판소리 공연 모습
소리꾼의 창을 하고 북장단을 넣던 고수가 추임새를 하지요.

완창판소리 포스터
1985년에 시작된 완창 공연이에요.

창극을 만드는 사람들

연극은 배우들의 대사로 이야기를 들려주지만 창극은 우리나라의 판소리로 이야기를 들려주는 음악극이에요. 서양의 뮤지컬이나 오페라와 비슷해요. 연극이나 창극 모두 멋진 배경 앞에서 여러 배우들이 공연한다는 점은 같아요.

그렇다면 창극을 만드는 사람들은 연극을 만드는 사람과 어떻게 다를까요? 우선 공연을 기획하는 제작자나 연출가가 있다는 점은 같아요. 하지만 창극에서는 대본을 쓰는 사람 외에 '작창'을 하는 사람이 필요해요. 작창이란 대본에 맞춰 창을 만드는 거예요. 그리고 창극의 배우들은 모두 창을 잘 하는 소리꾼들이지요. 그리고 음악을 담당하는 기악부가 있다는 점이 다르지요. 판소리에서 고수가 북을 쳐서 공연을 돕듯이 창극에서는 기악부가 직접 악기를 연주해요. 장구, 아쟁, 거문고 등의 악기를 연주하는데, 이를 이끌어 줄 지휘자도 필요하고요. 그 외의 무대를 만들고 배우를 완성시켜 줄 제작진은 연극과 같아요.

창극을 이끄는 도창

연극에서 어떤 이야기인지 직접 말해 주는 것을 해설이라고 하지요. 창극에서는 이러한 것을 도창이 해요. 일반적으로 아주 능숙한 소리꾼이 이 역할을 맡아서, 관객에게 말을 걸듯이 상황을 이야기해 주어요. 그리고 다음 장으로 넘어가는 동안 관객을 쥐락펴락하면서 즐겁게 해 주는 사람이랍니다.

소리꾼, 작창가, 기악부 등 여러 사람이 필요해요.

판소리 다섯 마당

원래 판소리는 12가지 이야기를 담은 열두 마당이 있었는데 시간이 지나며 일부가 사라졌어요. 그 가운데 전체의 창이 남아 있는 것이 수궁가, 적벽가, 흥보가, 춘향가, 심청가의 다섯 마당이에요.

수궁가

적벽가

흥보가

춘향가

심청가

창극을 만들려면

연극을 만드는 것과 창극을 만드는 것은 전체적인 흐름이 비슷하지만 부분적으로는 달라요. 그러면 어떤 것이 다른지 알아볼까요?

준비하고 연습해요

창극 대본과 악보

창극 공연의 준비 과정은 제작자가 연출가를 섭외하고 제작진을 구성한 다음 오디션을 거쳐 배우를 뽑는 것까지는 연극과 비슷해요.

하지만 연습을 할 때 악기를 연주하는 기악부가 직접 참여한다는 점이 달라요. 서양의 노래는 악보에 맞춰 정확한 빠르기로 불러야 하지만, 우리 판소리는 흥에 따라 빨라지거나 느려질 수 있어요. 이런 판소리의 흐름을 잡아 주는 것이 고수의 북장단인데, 창극에서는 기악부가 그 역할을 하지요. 그래서 소리꾼들과 기악부가 평소에도 호흡을 맞춰야 한답니다.

창극의 배역을 뽑는 오디션

공연을 올려요

연습이 끝나고 무대 리허설을 거치면 공연을 할 시간이에요. 장구와 아쟁 등의 우리 악기 소리에 맞춰 공연이 시작되지요. 배우들의 소리가 무대에서 퍼져 나가고 흥에 겨운 다른 배우나 관객들이 추임새를 넣어요. "얼쑤!" 또는 "좋다!"라는 추임새 소리에 배우들은 더욱 신나서 소리를 해요. 이렇게 창극은 배우와 관객이 함께 호흡하는 신명나는 공연이랍니다.

소리꾼과 기악부
무대 위에서 소리꾼들이 공연을 하고, 무대 앞의 아래쪽 오케스트라 피트에서 기악부가 연주를 해요.

토끼, 용궁에 가다

국립창극단이 지금까지 올린 창극은 판소리 다섯 마당을 극으로 만들거나 원래 있는 이야기를 창극으로 바꾸는 것이 많았어요. 기존의 판소리를 창극으로 만들면 우리 창의 고유한 멋을 잘 살리면서 사람들에게 우리 소리의 아름다움을 쉽게 알릴 수 있다는 장점이 있지요. 이제 어린이를 위한 창극을 살짝 엿보면서 창극이 어떠한 것인지 맛보는 시간을 가져 볼까요?

〈토끼, 용궁에 가다〉 포스터
수궁가를 쉽게 즐길 수 있도록 만든 창극이에요.

무슨 이야기일까요?

2008년에 공연된 〈토끼, 용궁에 가다〉는 판소리 수궁가를 어린이의 눈높이에 맞춰 만든 공연이에요. 수궁가는 우리에게 별주부전으로 널리 알려진 이야기지요. 바닷속 용궁에 사는 용왕이 병으로 몸져 누웠어요. 많은 신하들이 걱정을 하던 가운데 별주부가 용왕의 병에 쓸

✽ 옛날옛날 먼 옛날

수궁가를 현대적으로 만든 〈토끼, 용궁에 가다〉의 내용은 무엇일까요? 공연 장면과 노랫말을 보며 공연을 상상해 보세요.

♪ 옛날옛날 먼 옛날 동해용왕 병이 났네
얼씨구나 절씨구 절씨구나 얼씨구
신선이 나타나서 토끼 간이 약이라네

♪ 충성스런 별주부가 토끼 찾아 떠났다네
얼씨구나 절씨구 절씨구나 얼씨구

토끼를 찾아 땅 위로 올라
가지요. 그리고 어떻게 되
었을까요? 아래의 사진을
보며 내용을 알아보아요.

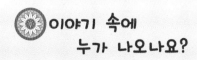

이야기 속에
누가 나오나요?

용궁에 사는 용왕
바닷속을 다스리는 왕인데 병이 났어요.

토끼와 별주부
용왕의 병을 낫게 하기 위해 별
주부가 토끼를 찾아갔어요.

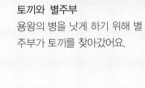

숲 속의 동물들
토끼가 사는 숲 속의 아기 동물들이에요.

구성진
우리 소리로 들으니
더욱 재미있죠?

♪ 용왕이 토끼 보자 뱃속의 간 달라 하네
얼씨구나 절씨구 절씨구나 얼씨구
토끼가 꾀를 내어 간이 없다 속였다네

♪ 토끼와 별주부가 금강산에서 만났다네
별주부가 토끼 보고 용궁 가자 꾀었다네
얼씨구나 절씨구 절씨구나 얼씨구
높은 벼슬 욕심 내어 토끼가 용궁 갔네

♪ 토끼와 자라 용궁 얘기 여기서 끝이라네
얼씨구나 절씨구 절씨구나 얼씨구
토끼 자라 용궁 얘기 우리들의 세상살이
좋은 세상 꿈꾸며 바람으로 만든 얘기
얼씨구나 절씨구 절씨구나 얼씨구 ♪

멋진 공연을 해요 2

아름다운 몸짓과
소리의 무대 속으로

국립극단과 국립창극단에 이어 우리의 춤과 음악을 소개하는
사람들을 만나 볼 차례예요. 국립극장 안에서 춤과 음악에 관한
공연을 하는 사람들은 국립무용단과 국립국악관현악단이에요.
이 가운데 국립무용단에서는 오천 년 우리 역사 속에서 우리 민
족이 온몸을 덩실대며 추었던 전통 춤을 무대 위에 올리는 일을
해요. 국립국악관현악단은 혼과 향취를 담은 국악기로 국악을
만들어 연주하고 공연하지요. 하지만 단순히 옛것을 연습하여
올리는 것은 아니에요. 전통문화를 연구하여 새롭게 작품을 창

작하지요. 이렇게 만들어진 공연은 우리는 물론 세계인에게도
벅찬 감동을 안겨 준답니다. 국립무용단과 국립관현악단이 공
연을 하기 위해서 어떤 준비를 할까요? 공연할 작품을 정하고,
무대에 올리기까지 과정을 차근차근 생각해 보세요. 연습을 하
고 작품에 알맞은 무대와 의상을 디자인하는 등 어떤 준비 작업
이 필요한지 알아보는 거지요. 이런 과정이 연극이나 창극 공연
을 준비하는 것과는 어떤 차이가 있는지 비교해 보세요.

우리 춤과
소리 속으로
풍덩 빠져 보세요!

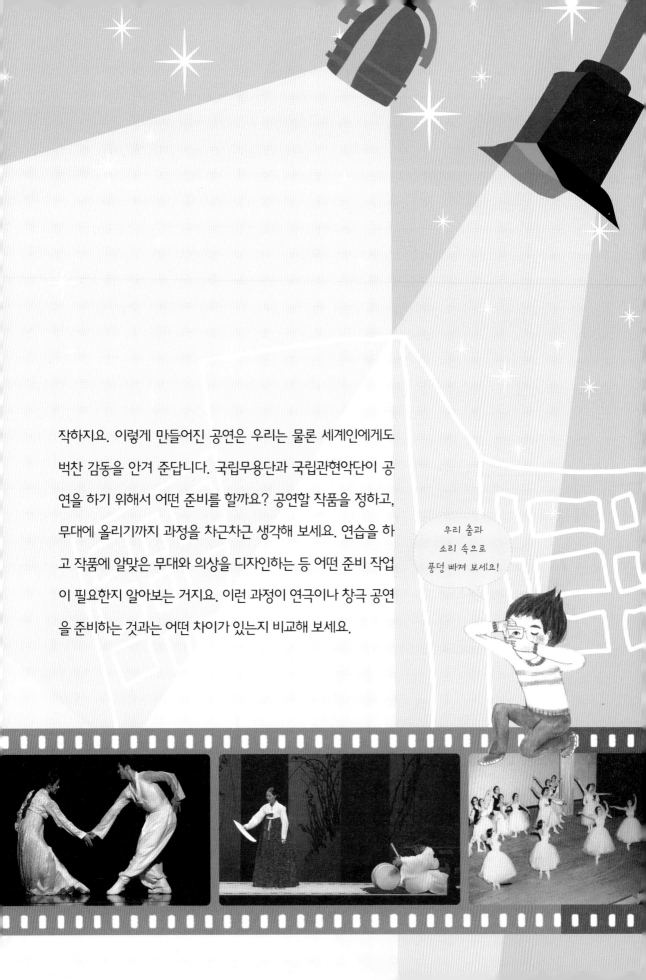

흥겨운 우리 춤 　국립무용단

공연 예술 중에서 무용을 하는 국립무용단은 1962년 처음 만들어졌어요. 그 때에는 전통 춤과 발레, 두 가지를 함께 하는 단체였어요. 어느 특정한 춤을 추는 것이 아니라 발레를 전통 춤에 접목시키고, 다양한 장르의 춤을 함께 공연했어요. 그러다가 1974년 국립무용단에서, 국립발레단이 나뉘었고, 국립무용단은 우리 전통 춤을 바탕으로 공연하기 시작했어요.

국립무용단은 그 동안 90여 편의 공연을 통해 우리 민족의 정서와 우리 예술의 아름다움을 춤으로 소개했어요. 1984년 공연된 〈도미부인〉은 설화를 바탕으로 교방춤, 궁중춤, 탈춤, 굿춤, 강강술래춤, 농악춤 등의 전통 춤을 바탕으로 만들었어요. 이렇게 국립무용단은 전통 춤을 보존하고, 현대적으로 새롭게 만들어 우리나라 사람들이 전통 춤을 친숙하게 느끼도록 했고, 세계 여러 나라에 한국의 춤을 알리고 있어요.

국립무용단 창단 기념 공연 광고
1962년 3월 창단 기념 공연으로 〈백의 환상〉 등 세 편을 올렸어요.

국립무용단 창단 공연 모습

옛날 우리 조상들은 어떤 춤을 췄을까?

우리 전통 춤이 시작된 때를 정확히 알 수 없지만 단군왕검이 고조선을 세웠을 때에도 춤이 있었다고 해요. 하늘에 제사를 지내면서 사람들은 춤을 추었어요. 그리고 부여의 '영고', 고구려의 '동맹', 동예의 '무천', 삼한의 '계절제'라는 의식에서도 모두 함께 춤을 추었다는 기록이 있어요.

삼국 시대에는 가야금이나 거문고 등의 악기가 발달하면서 춤이 더욱 발달했어요. 만주 지린성의 무용총 벽화의 무용도를 보면 고구려 사람들의 춤을 짐작할 수 있어요. 또 신라 시대에는 국가 행사인 팔관회에서 불교에 관한 춤을 추었고, 처용 설화의 내용을 표현한 처용무라는 춤도 있었어요.

고려 시대에는 전통 춤 외에도 송나라에서 들어온 춤도 있었는데, 고려의 춤과 섞이지 않고 독자적으로 발달했어요.

조선 시대에는 여러 갈래의 춤이 각자 발달해서 궁중에서 추는 춤과 일반 백성들이 추는 춤이 많이 달랐어요. 또, 불교에 관련된 춤으로 승무, 무속 신앙에 관련된 무당춤 등이 지금까지 이어지고 있답니다.

고구려 사람들의 춤
만주 지린성에 있는 무용총의 무용도를 보면 고구려 사람들의 춤을 짐작해 볼 수 있어요.

무용 공연을 만드는 사람은 누구인가요?

무용 공연은 단순히 무용수 혼자 몸을 움직이면 되는 것 같지만 많은 사람들이 모여 만들어 내는 것이에요. 공연을 무대에 올리려면 공연을 기획하는 사람, 공연의 내용인 대본과 춤을 만들어 내는 사람과 춤을 추는 무용수를 비롯해서 무대와 의상, 조명, 음향 등을 담당하는 사람들이 필요해요.

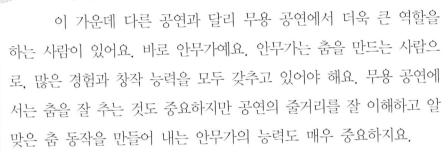

창극에서는 작창이, 무용에서는 안무가 중요해요.

이 가운데 다른 공연과 달리 무용 공연에서 더욱 큰 역할을 하는 사람이 있어요. 바로 안무가예요. 안무가는 춤을 만드는 사람으로, 많은 경험과 창작 능력을 모두 갖추고 있어야 해요. 무용 공연에서는 춤을 잘 추는 것도 중요하지만 공연의 줄거리를 잘 이해하고 알맞은 춤 동작을 만들어 내는 안무가의 능력도 매우 중요하지요.

안무가가 만든 춤으로 무대 위에서 공연을 하는 것은 무용수예요. 연극에서는 배우가 말로, 창극에서는 소리꾼이 노래로 전하는 이야기를 무용 공연에서는 무용수가 몸으로 나타내는 것이에요. 그 외의 제작진은 다른 공연과 비슷해요. 음악, 의상, 무대 디자인은 몸짓을 가장 돋보이게 하는 데 초점을 맞춘답니다.

안무가
대본을 보고 알맞은 춤 동작을 고안해요.

안무가가 원하는 춤을 익히는 무용수
무용수는 정확하고 아름다운 동작으로 안무를 표현해요.

여럿이 추는 군무와 혼자 추는 독무

무용극에 쓰이는 춤은 다양해요. 하지만 춤을 함께 추는 인원에 따라 군무와 독무로 나눌 수 있지요. 즉, 여러 명의 무용수가 함께 추는 춤을 군무, 주인공 혼자 추는 춤을 독무라고 해요. 남녀 주인공이 함께 추는 춤은 두 명이 춘다고 하여 2인무라고 하지요.

기량이 뛰어난 주인공이 추는 독무는 무척 아름다워요. 그리고 여럿이 추는 군무는 웅장하고 화려하지요. 이러한 춤들은 이야기의 흐름에 따라 각 요소에 알맞게 짜여 있어요. 그래서 어느 하나 중요하지 않은 춤이 없지요.

독무와 군무 모두 아름다워요.

어떤 때, 어떤 춤을 추나요?

국립무용단의 〈춤, 춘향〉은 춘향전을 무용극으로 만든 거예요. 이 공연에는 독무와 군무 등이 알맞게 짜여 있어요. 아래 사진을 보면 어떤 때에 독무를 추는지 2인무와 군무는 언제 추는지 알 수 있을 거예요.

춘향과 이도령이 만나서 사랑을 나누는 2인무

괴로운 마음을 나타낸 춘향의 독무

과거장에서 공부한 실력 발휘를 하는 이도령의 독무

그네를 타는 춘향과 마을 아낙들의 군무

덩실덩실 춤을 추어요

춤을 무대로 올리는 공연을 준비하는 과정은 어떤지 알아보아요. 무용극만의 특별한 점은 무엇일까요?

안무와 배역을 정해요

제작자와 연출가가 작품을 정하고 나면, 다음은 안무가가 해야 할 일이에요. 안무가는 작품을 생각하며 대본을 분석하고, 머릿속으로 어떤 무용극으로 만들지 이미지를 떠올려 보지요. 그리고 어떤 춤으로 극을 풀어 나갈지 큰 그림을 그리는 일을 해요.

이렇게 공연의 성격과 분위기가 정해지면 안무가와 연출가 등이 모

오디션
연출가와 제작자, 안무가 등이 작품에 적합한 무용수를 선발하는 거예요.

오디션 중인 무용수
원하는 배역을 맡기 위해 무용수는 최선을 다해 춤을 추지요.

여기서 잠깐!

어떤 춤이 멋진가요?
무대 위 무용수의 춤이나, 전시된 포스터의 춤사위를 살펴보세요.
어떤 모습이 가장 감동적인가요? 춤을 묘사해 보세요.

_____

_____

☞ 정답은 72쪽에

여 전체 무용수를 대상으로 오디션을 해요. 주인공을 맡을 무용수는 기량도 뛰어나야 하지만, 정해진 안무를 잘 표현할 수 있어야 해요.

예를 들면 주인공이 용감한 영웅이라면 힘 있고 절도 있는 동작을 가진 무용수가 적절하고, 아름다운 공주 역은 동작이 부드럽고 섬세한 사람이 맡는 것이 더 어울리겠지요. 그래서 무용수를 선발할 때에는 이런 점을 고려한답니다.

계획을 잡아 체계적으로 연습해요.

연습을 하고 안무를 맞춰요

무용수들은 공연을 위해 혼자 동작을 연습하는 개인 연습도 하지만, 다른 동료들과 함께 동작을 맞추는 장면 연습을 번갈아서 해요. 연습하는 날 오전에는 **조안무가**와 함께 연습을 시작해요. 조안무가는 그날의 연습을 일지에 기록하면서 새로운 안무를 익히고 배운 내용 중에서 부족한 부분을 반복적으로 연습시키고 동작을 익히도록 도와 주지요. 오후가 되어 안무가가 오면, 장면마다 나오는 춤을 연습하면서 전체적으로 완성해 가지요.

🌸 **조안무가**
안무가를 도와 주는 사람으로, 춤동작을 정리하고 무용수를 연습시켜요.

🌻 안무 연습을 하기 전에 준비 운동을 해요.

팔을 높이 들기도 하고 다리를 빠르게 움직이며 춤을 추다 보면 몸을 다치기도 해요. 그래서 춤을 추기 전에도 운동을 하기 전처럼 몸을 풀어 주지요. 무용수들이 어떤 준비 운동을 하는지 한번 알아볼까요?

❶ 발끝을 손으로 잡고 발목을 돌려요.

❷ 누워서 다리를 구부렸다가 펴요.

❸ 허리를 들어 올려요.

❹ 다시 앉아서 팔을 뻗고 다른 팔로 눌러요.

❺ 팔을 들어 몸을 옆으로 구부려요.

❻ 몸을 앞으로 숙여 쭉 뻗어요.

공연을 앞두고

공연을 앞두고 며칠 전에 리허설을 하는 연극과 달리, 무용극은 공연장의 무대에 적응하는 훈련이 필요해요. 연습실과 공연장의 무대는 크기가 많이 다르기 때문에 공연장의 무대에 맞춰 동작의 크기도 조절하고, 무용수들 사이의 간격도 다시 맞춰야 하고, 움직이는 속도도 바꿔야 해요. 이와 함께 동선도 다시 정하고 익혀야 한답니다. 그래서 리허설 기간이 길어야 해요.

공연이 시작되기 전에 무대와 조명, 음향 등의 디자인도 확정했고, 설치를 마쳤어요. 의상과 소품도 준비가 끝났어요. 이렇게 준비된 의상은 제작진이 개인별로 분류하여 가방에 넣어서 공연 전에 전해 주지요.

준비가 끝나고 공연 시간이 되었어요. 배우들은 최선을 다해 춤을 추며 관객들에게 감동을 전하지요. 배우들은 한 회 공연에서 여러 번 의상을 갈아입어요. 그래서 공연 순서에 따라 의상과 소품들을 잘 챙겨 두어야 해요. 또, 춤을 마치고 분장실로 무용수들이 돌아오면 짧은 시간 동안 의상을 갈아입고 다시 올라가야 하기 때문에 도우미들이 옷 갈아입는 것을 도와 준답니다.

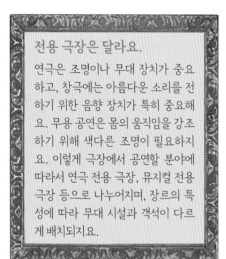

🌀 **동선**
무대 위에서 어떻게 이동할지 정해 놓은 것을 말해요.

전용 극장은 달라요.
연극은 조명이나 무대 장치가 중요하고, 창극에는 아름다운 소리를 전하기 위한 음향 장치가 특히 중요해요. 무용 공연은 몸의 움직임을 강조하기 위해 색다른 조명이 필요하지요. 이렇게 극장에서 공연할 분야에 따라서 연극 전용 극장, 뮤지컬 전용 극장 등으로 나누어지며, 장르의 특성에 따라 무대 시설과 객석이 다르게 배치되지요.

〈밀레니엄 로드〉 연습 모습
무용수들이 전통 타악기인 아박을 들고 연습하고 있어요.

춤 공연
좁은 연습실보다 넓은 무대에서는 더욱 동작을 크게 해야 하지요.

하늘하늘 옷자락을 날리며

무용극의 의상은 의상 디자이너의 손에서 태어나요. 무용수가 추는 춤의 종류와 작품에서 맡은 배역에 따라 의상이 결정되지요. 서양의 춤인 발레 의상은 '튀튀'라는 커다랗게 부풀어진 치마와 타이즈를 입어요. 머리카락은 묶어 올리고, 신발 끝을 딱딱하게 만든 토슈즈를 신지요. 그렇다면 우리 전통 무용을 할 때에는 어떤 의상을 입을까요? 궁중에서 추던 춤은 화려한 한복을, 서민들 사이에서 추던 탈춤 같은 춤은 서민들의 한복을 입지요. 또, 승무나 무당춤과 같은 춤 역시 정해진 옷이 있어요. 이런 춤을 현대 화하여 올리는 국립무용단의 공연에는 한복을 기본으로 하되 다양하게 변화를 준 의상을 입어요.

의상 디자이너는 작품과 배역에 대한 해석을 바탕으로 이미지를 최대한 강하게 만들 수 있는 모양과 색으로 의상을 디자인하지요. 뿐만 아니라 각 의상은 무용수가 추는 춤을 가장 돋보이게 할 수 있는 소재와 디자인을 고려해 만들어야 한답니다. 빙글빙글 도는 동작에는 부드러운 천을 쓰는 것처럼 말이지요.

의상 디자이너의 디자인을 나타낸 그림

전통 무용에서 한복을 기본으로 만든 의상
궁중 무용을 바탕으로 한 춤의 특징을 살려서 화려한 궁중 한복의 형태로 만든 의상이에요.

배역과 춤의 특성을 살려서 디자인한 의상
주술적인 의미를 담은 춤의 특징을 살려 강렬한 색의 주름이 있는 특이한 소재로 만든 의상이에요.

전통을 새롭게 해석했어요

국립무용단이 우리의 전통문화와 전통 춤을 새롭게 해석하여 공연을 한다는 의미는 공연을 직접 보면 더욱 쉽게 알 수 있어요. 지금부터 옛날 우리 조상들이 살았던 시대를 상상하며 공연을 감상해 보고 조상들의 풍류도 함께 느껴 보세요.

〈밀레니엄 로드〉 포스터
전통 무용과 문화를 총망라한 무용극이에요.

아름다운 궁 이야기

2008년에 공연된 〈밀레니엄 로드〉의 1막은 근엄한 궁 안의 모습을 춤으로 풀어 본 것이에요. 왕과 왕비, 궁녀와 대신들의 격조 있는 모습을 화려한 의상과 여러 가지 소품을 사용해 궁중 무용으로 나타내고 있어요.

궁 안의 모습을 나타내었어요.

1막은 왕과 왕비를 비롯하여 궁 안의 사람들이 사는 모습과 여러 행사를 다루었어요.

❶ 왕과 왕비의 모습이에요.

❷ 대신들의 힘찬 모습을 나타냈어요.

❸ 종묘제례에 쓰인 춤이에요.

❹ 양손에는 꽃이나 부채를 들고 추는 부채 춤이에요.

❺ 처용 설화를 바탕으로 한 처용무를 춰요.

❻ 동물 모양의 탈을 쓰고 학춤을 추고 있어요.

보통 사람들이 사는 이야기

2막은 궁이 아닌 서민들의 모습을 보여 주어요. 커다란 북을 장단에 맞춰 두드리며 옛날을 상상해 보세요.

크게 머리를 틀어 올린 기생들이 선비들과 부채를 흔들며 흥에 겨워 춤을 추고 있어요. 한량무와 교방 살풀이를 바탕으로 한 춤이에요. 우스꽝스럽게 생긴 탈을 쓰고 추는 탈춤과 두 사람이 커다란 사자 탈 속에서 추는 사자놀음은 서민들이 즐겼던 대표적인 춤이었어요. 탈을 쓰고는 지체 높은 양반을 놀리기도 하고, 사람들의 속마음을 나타내기도 했지요. 사자놀음과 함께 조선 시대 서민들의 재치와 웃음을 느낄 수 있어요. 다양한 춤의 마지막은 간절한 소원을 비는 승무가 장식해요. 이러한 춤들이 국악과 함께 어우러져 조선 시대의 모습을 상상하게 해 주며, 음악과 무용으로 아름다운 우리 문화를 소개해 주지요.

모두 전통 춤을 변형시킨 거예요.

🌸 보통 사람들의 이야기

궁 밖의 보통 사람들은 어떤 춤을 출까요? 선비, 기생, 서민 등은 어떤 춤을 추는지 살펴보세요.

❶ 오고무를 바탕으로 만든 북을 치며 추는 춤이에요.

❷ 교방의 기생들이 교방 살풀이를 춰요.

❸ 선비와 기생들이 한량무를 춰요.

❹ 탈을 쓰고 탈춤을 현대화한 춤이에요.

❺ 서민의 대표적인 춤인 탈춤이에요.

❻ 두 사람이 사자탈의 앞과 뒤가 되어 추는 사자놀음이에요.

우리 악기의 향연 국립국악관현악단

국립극장의 전속 단체 중에서 가장 늦게 창단된 국립국악관현악단은 1995년에 생겼어요. 초기부터 새로운 민족 음악을 만들어 내기 위한 노력을 했고, 국악을 더욱 사람들에게 친근하게 만들고자 애쓰고 있어요. 또 25현 가야금, 10현 대아쟁, 대금, 모듬북 등 국악기를 **개량**하는 일과 함께 개량한 악기로 연주하고 연주법을 개발하는 등 새로운 시도를 멈추지 않고 있어요.

개량
나쁜 점을 보충하여 좋게 고쳐요.

누가 공연을 만드나요?

국립국악관현악단은 전통 오케스트라인 셈이지요.

국립국악관현악단은 우리 국악을 연주하는 사람들을 서양의 오케스트라처럼 만든 단체예요. 그래서 국립국악관현악단에서 올리는 공연을 위해서는 오케스트라처럼 작곡가, 지휘자, 연주자가 필요해요.

먼저 작곡가가 음악을 창작하면 그 음악을 연주하는 것이 연주자이고, 이 음악이 훌륭히 완성되도록 연주자들을 잘 이끄는 것이 지휘자의 역할이에요. 세 분야의 사람들이 모두 자신의 역할을 잘 해야 하지만, 이 가운데에서도 지휘자의 역할은 아주 중요해요. 만약 지휘자

여기서
잠깐!

무엇을 하나요?
국립극장에는 3개의 전속 단체가 있어요. 각 단체는 무엇을 발전시키기 위한 곳인지 이름과 낱말을 연결해 보세요.

국립창극단	●	● 국악
국립무용단	●	● 판소리
국립국악관현악단	●	● 전통 춤

정답은 72쪽에

우리 국악기를 모두 모아 하나의 멋진 음악을 만들었어요.

가 없다면 아무리 뛰어난 연주자들이더라도 제각각의 느낌으로 연주를 하여 음악의 강약, 빠르기, 박자가 뒤섞여 멋진 화음을 만들 수가 없지요. 또, 작곡가가 아무리 뛰어난 곡을 만들어도 지휘자가 잘 나타내지 못한다면 그 곡의 아름다움을 살릴 수가 없을 거예요.

　그 외에도 우리에게 보이지는 않지만 꼭 필요한 사람이 있어요. 바로 예술 감독이에요. 다른 공연도 마찬가지지만 공연을 기획하고 방향을 정하는 일을 담당하는 사람이에요. 이와 함께 공연에 참여하는 모든 사람을 관리하고, 공연에서 일어나는 모든 일을 맡아서 하는 총책임자랍니다.

❁ 화음
여러 소리가 울릴 때에 잘 어울리는 거예요.

❀ 관현악 공연을 만드는 사람들

공연을 기획하고 무대에 올리기까지 필요한 사람들은 누가 있을까요? 아래 그림을 보며 알아보세요.

예술 감독
공연을 기획하고 이끄는 사람이에요.

지휘자
곡을 해석하여 연주자들을 조화시켜요.

연주자
각자 맡은 악기를 연주해요.

조선 시대의 오케스트라, 종묘제례악

　서양의 오케스트라와 같은 것이 조선 시대에도 있었어요. 바로 종묘제례악이에요. 왕실에서 나라의 큰 일을 조상에게 알리고 감사하는 마음을 전하기 위해 정기적으로 지내는 제사 5번과 별도로 치러지는 제사까지 1년에 총 30여 차례 제례를 냈어요. 조상의 영혼이 우리와 함께 있다고 생각해서 자주 인사를 드린 것이지요. 이때 여러 악기로 음악을 연주하고 화려한 옷차림으로 춤도 추었는데, 이 음악을 종묘제례악이라고 해요.

　종묘제례에는 원래 중국의 아악이 연주되었는데, 세종 대왕 때에 우리나라 전통 음악인 향악을 바탕으로 새로 《보태평》, 《정대업》이라는 곡을 새로 만들었어요. 전혀 새롭게 만든 것이 아니라 행사 음악인 고취악과 고려 사람들이 부르던 노래를 바꾸어서 친숙한 음악으로 만들었어요.

　종묘제례악에는 편종, 편경, 축 등의 아악기와 방향, 장고, 아쟁 등 당나라에서 들어온 악기와 함께 우리 고유의 악기인 대금 등도 함께 쓰였어요. 여기에 종묘악장이라는 노래도 불렀어요. 종묘제례악은 2001년 종묘제례 의식과 함께 유네스코 인류 구전 및 무형 유산 걸작으로 등재되었답니다.

종묘제례에서 연주되는 《보태평》, 《정대업》 등의 음악을 종묘제례악이라고 해요.

어떤 악기를 사용할까요?

'국립국악관현악단'이라는 이름을 잘 들여다보면 이곳에서 하는 일을 짐작할 수 있어요. 바로 국악을 연주하는 악단이라는 것인데, 관악기와 현악기를 사용한다는 것이지요. 그렇다면 어떤 악기가 쓰이는지 좀 더 알아볼까요?

국악관현악은 일반적으로 해금, 대아쟁, 소금, 가야금, 거문고, 대금, 향피리, 개량 모듬북, 장구, 공 등을 포함해 10여 가지의 악기를 70명의 연주자들이 연주해요. 해금과 거문고 등의 전통 악기와 함께 이를 개량한 25현 가야금, 개량 소금, 개량 모듬북 등의

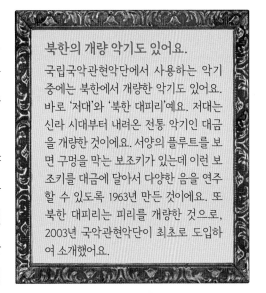

북한의 개량 악기도 있어요.
국립국악관현악단에서 사용하는 악기 중에는 북한에서 개량한 악기도 있어요. 바로 '저대'와 '북한 대피리'예요. 저대는 신라 시대부터 내려온 전통 악기인 대금을 개량한 것이에요. 서양의 플루트를 보면 구멍을 막는 보조키가 있는데 이런 보조키를 대금에 달아서 다양한 음을 연주할 수 있도록 1963년 만든 것이에요. 또 북한 대피리는 피리를 개량한 것으로, 2003년 국악관현악단이 최초로 도입하여 소개했어요.

국악관현악의 기본 편성 배치도

지휘자가 전체를 바라보고, 앞줄에 현악기가 자리를 잡고, 가운데 줄에 소금, 대금, 향피리와 같은 관악기가 있고, 마지막 줄에 개량 모듬북, 장구, 공 등의 타악기를 배치했어요.

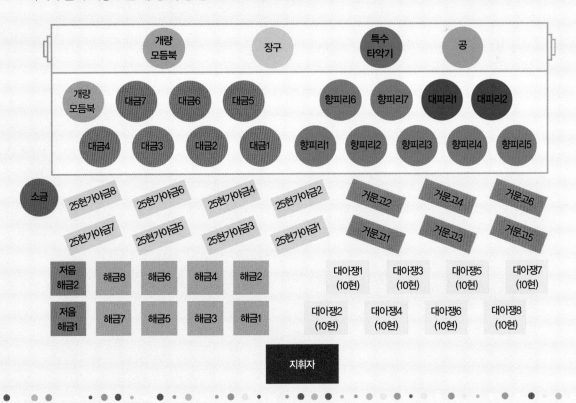

악기를 조화롭게 쓰고 있어요. 공연에 따라서 다양한 악기와 전자 악기인 신시사이저를 함께 쓰지요.

먼저 현악기를 살펴볼까요? 국악관현악단에서 사용하는 현악기 가운데 제일 앞에는 해금이 있어요. 동그란 울림통 위로 주대에 매어 놓은 현을 활로 문질러 소리를 내요. 현은 명주실로 되어 있고, 활은 말총을 대나무에 맨 것을 쓰지요. 현재 전통 해금과 개량한 저음 해금을 함께 써요. 저음 해금은 낮은 소리를 내기 위해 울림통과 주대를 크게 하였고, 명주실 대신 서양 악기인 첼로에 쓰는 쇠줄을 쓰지요. 해금 옆에는 아쟁이 있는데, 7줄이나 8줄을 쓰던 전통 아쟁을 개량한 10현 소아쟁과 10현 대아쟁을 쓰지요.

그 뒤로 가야금과 거문고가 있는데, 가야금은 손가락으로 줄을 뜯거나 튕겨서 소리를 내고 거문고는 대나무로 만든 술대로 내리치거나 뜯어서 소리를 내요. 가야금은 원래 12줄로 되어 있는데, 관현악단에서는 개량한 13줄을 늘린 25현 가야금을 쓰고 있어요. 거문고는 전통악기를 그대로 사용하고 있는데, 오동나무와 밤나무를 붙여 만든

재료와 크기 등을 바꾸어 악기를 개량했어요.

이런 현악기가 있어요

현을 뜯거나 문질러 소리 내는 악기예요.

전통 해금
동그란 울림통 위에 주대가 있고 거기에 매어 놓은 현을 활로 문질러 소리를 내는 찰현 악기예요.

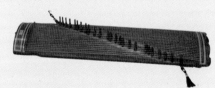

25현 가야금
원래 12줄이던 것에 13줄을 더해 개량한 것으로, 다양한 높낮이의 소리를 낼 수 있어 가장 널리 쓰여요.

10현 대아쟁
현악기 중에서 가장 낮은 소리를 담당하며, 원래 7~8줄이던 아쟁과 달리 현이 10줄이에요.

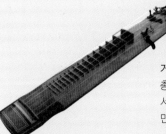

거문고
총 6줄의 현을 가진 거문고는 중국 진나라에서 보낸 칠현금을 고구려의 왕산악이 고쳐 만든 악기예요.

울림통 위에 16개의 괘를 버팀목으로 달고, 그 위에 명주실을 꼬아 만든 6줄의 현을 올린 모습이에요.

그 뒤의 관악기는 소금, 대금, 저대, 향피리, 대피리가 있어요. 소금과 대금은 옆으로 불고, 향피리와 대피리는 아래로 내려 불어요. 연주에 쓰는 대금은 전통 대금에 두 개의 금속키를 단 개량 대금과 북한 개량 대금이에요. 가장 높은 소리를 내는 소금 역시 개량한 악기를 쓰고, 피리는 전통 향피리와 개량한 북한 대피리를 함께 쓰지요.

그리고 국립국악관현악단에서 가장 뒷줄에는 타악기가 있어요. 수는 적지만 음악의 박자를 맞추는 아주 중요한 악기에요. 국악관 현악단에서는 모듬북을 쓰는데, 다양한 크기의 북을 모아 두었다고 해서 이런 이름을 붙였어요.

이렇게 악기를 개량하고 연주법을 개발하는 것은 물론 악기 구성을 새로이 바꾸는 것은 아름다운 국악을 만들고 널리 알리기 위한 노력의 하나랍니다.

개량 악기는 연주해 보고 어울려야 사용한답니다.

이런 관악기가 있어요
둥근 관을 입으로 불어 소리를 내요.

이런 타악기가 있어요
두드려 소리를 내는 악기를 말해요.

북한 개량대금
가로로 부는 관악기로, 원래의 대금에 비해 부는 구멍이 작고 보조키가 달려 있어요.

모듬북
연주할 악보나 앞의 지휘자를 보기 좋게 여러 개의 북을 나란히 뉘여 놓은 것이에요.

개량 소금
대금과 같이 가로로 부는 것으로, 대금보다 높은 소리를 내요.

향피리
옛날에는 향필률이라고 불렸으며 세로로 부는 악기예요.

극장에 울려퍼지는 소리

13가지의 악기가 환상적인 소리를 내는 관현악 공연은 어떤 준비가 필요할까요? 공연 준비 과정을 보며 알아보아요.

대부분 창작곡을 연주하지요.

공연을 준비해요

국악 관현악 공연은 작곡에서부터 시작해요. 무용 공연에서는 무엇보다도 안무가 중요하듯이, 국악 공연에서는 작곡이 중요해요. 그래서 기획을 담당하는 사람들은 좋은 곡을 찾는 데 많은 시간과 노력을 쏟지요. 곡이 결정되고 나면 지휘자와 함께 연주자를 뽑아야 해요. 악단에 소속된 연주자도 있지만, 곡에 따라 다른 악기가 필요하게 되면 외부에서 연주자를 데려 오기도 해요.

그리고 무대와 조명, 음향 등을 담당할 제작진을 꾸려야 해요. 이 가운데 가장 신경을 많이 쓰는 부분은 음향이에요. 연주하는 아름다운 음악을 최고의 상태로 관객에게 들려주어야 하기 때문이에요.

국악 관현악을 위한 악보
오선지에 그려져 있어서 국악을 위한 악보이지만 서양의 음악 악보와 비슷해 보여요.

연습을 해요

곡이 정해지면 지휘자를 위한 '총보'와 연주자를 위한 '파트보'를 준비해서 공연 연습에 들어가요. 총보는 모든 악기가 연주해야 하는 내

관현악단이 공연을 앞두고 연습을 해요.
연주자들은 파트보를 보고, 지휘자는 총보를 보고 부분 연습을 하고, 그 뒤에 전체 곡을 연습해요.

용이 모두 그려진 악보예요. 이와 반대로 파트보는 악기별로 연주할 부분이 나와 있는 것으로, 연주자 개인을 위한 악보예요.

　연주자들은 개인이 연주해야 할 부분을 따로 연습해 오고, 그런 다음 모여서 지휘자가 이끄는 대로 연습을 해요. 처음에는 부분을 함께 맞춰 보는 부분 연습부터 하고, 그런 다음 연주자들이 악보 전체를 외우고 연주할 수 있게 되면 곡 전체를 연습하는 전체 연습을 하지요. 다양한 악기 소리가 조화를 이루려면 많은 시간과 노력이 필요하답니다.

> **커튼콜도 공연이에요.**
>
> 공연이 끝나 막이 내리면 여기저기서 박수가 터져 나와요. 그러면 공연이 끝났다고 생각하겠지만, 아직 끝난게 아니에요. 관객의 박수에 출연자들이 땀범벅이 된 채로 다시 나와 머리 숙여 인사를 하는 커튼콜이 남아 있거든요. 그래도 박수가 끊이지 않으면 앙코르 공연*을 하기도 하지요.
>
> * 앙코르 공연 : 공연의 일부를 다시 보여 주는 것을 말해요.

리허설을 하고, 공연을 올려요

　공연을 앞두고 국악 관현악 공연 역시 무대 리허설을 해요. 리허설 전에 무대의 양옆과 위, 뒤에는 소리가 아름답게 퍼지도록 음향반사판을 설치하지요. 그리고 각 연주자들이 편안하게 연주할 수 있도록 악기 받침대도 무대 중앙을 향해 놓아요. 그런 다음 악보를 놓는 보면대와 연주자가 앉을 의자를 놓고, 악기의 소리를 크게 키워 줄 마이크를 악기마다 놓아요. 각 연주자의 마이크는 미리 하나 하나 점검해 두지요. 무대 준비가 끝나면 연주자와 지휘자는 리허설을 해요. 그런 다음 본격적인 공연을 시작한답니다. 이렇게 새로운 국악을 사람들에게 들려주어 감동을 주고 전통 음악에 대한 애정을 갖게 해 주는 것이 국악 관현악단의 가장 큰 역할이며 보람이지요.

무대에 음향반사판을 설치한 모습
오선지에 그려져 있어서 국악을 위한 악보이지만 서양의 음악 악보와 비슷 해 보여요.

리허설
2007년 공연된 〈네 줄기 강물이 바다로 흐르네〉의 리허설 장면이에요.

극장의 여러 곳,
여러 사람들

환상적인 공연 뒤에는 배우나 연주자 외에도 많은 사람이 노력하고 있답니다. 그럼 이제부터는 극장 곳곳을 돌아다녀 보세요. 그러면서 국립극장의 공연을 만드는 많은 사람과 다양한 공간들을 찾아보는 거예요.

먼저 사무실을 들여다보고 국립극장 전체를 책임지는 극장장에서부터 크고 작은 일을 맡아 주는 사람들을 생각해 보세요. 그런 다음 무대에 공연을 올리기까지 배우와 연주자, 소리꾼,

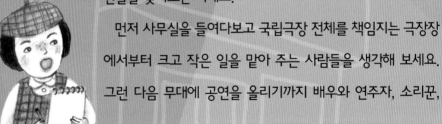

춤꾼들이 연습하는 공간을 보며 어떤 모습일지 상상해 보세요.
이와 함께 공연을 위해 배경, 의상, 소품, 장신구 등의 다양한 분야를 담당하는 사람들, 바로 제작진을 만나 보세요. 그리고 이들이 일하는 특별한 공간도 살짝 구경해 보세요. 이러는 동안 극장에 숨겨진 공간들도 둘러볼 수 있고, 우리가 미처 몰랐던 다양한 직업의 세계도 간접적으로 체험할 수 있답니다.

극장 곳곳에는 많은 사람들이 일하고 있어요.

누가 극장을 운영할까요?

해오름극장의 뒤쪽에는 공연을 준비하는 사람들을 위한 특별한 공간인 '관리동'이 있어요. 이곳에서 누가 어떤 일을 하고 있을까요?

먼저 극장의 일을 결정하고 담당하는 사람들이 있어요. 학교의 교장 선생님처럼 국립극장의 최고 책임자는 극장장이에요. 극장을 어떻게 운영할지 계획을 세우고 실천하는 사람이지요. 특히 국립극장의 극장장은 문화 예술 분야에 대한 오랜 경험과 높은 안목을 가진 사람으로, 정부에서 **임명**한답니다.

극장에 소속된 3개의 단체에는 각 단체를 총괄하는 예술 감독이 있어요. 예술 감독은 공연 작품을 선정하고 제작하는 일과 함께, 배우를 뽑고 훈련하는 일을 하지요. 예술 감독 아래에는 공연 프로듀서들이 작품을 만드는 일을 도와요.

또, 공연 작품이 정해지면 홍보 담당자, 마케팅 담당자들의 일이 시작되지요. 공연을 널리 알리고 많은 사람들이 찾아올 수 있도록 여러 가지 방법으로 열심히 홍보하고 진행하지요. 이런 과정이 있기 때문에 배우들은 공연 준비에 열중할 수 있답니다.

🌰 **임명**
특별한 지위나 역할을 맡기는 거예요.

극장장

예술 감독

공연 프로듀서

마케팅 담당자

홍보 담당자

공연 준비 회의

사무실에는 극장을 책임지는 극장장과 예술 감독을 비롯하여 많은 사람들이 공연을 위해 일하고 있어요.

공연을 만들어요

공연을 위해 배우와 무용수, 연주자와 소리꾼들은 모두 연습을 해야 하며, 관리동의 각 전속 단체 사무실 옆에는 크고 작은 연습실들이 준비되어 있어요. 작은 연습실은 개인이나 몇 사람이 부분 연습을 할 때 쓰여요. 큰 연습실은 공연에 참여하는 사람들이 모두 모일 때 쓰지요. 연습실 입구에는 개인 사물함이 있어서 짐이나 옷을 보관할 수 있고, 탈의실이 있어서 옷도 갈아 입을 수 있어요. 연습실 안에는 연습하는 모습을 볼 수 있도록 큰 거울도 있고, 관현악단의 연습실에는 방음 장치가 되어 있기도 해요. 연습실은 여러 사람이 쓰는 곳이기 때문에 미리 사용 계획서를 사무실에 제출한 뒤에, 정해진 시간에만 쓸 수 있어요.

큰 연습실에는 전체 제작진이 모두 모여 공연을 준비해요.

전체 연습은 큰 연습실에서 해요.

연출가와 작곡가, 제작진 등이 연습에 참여해요.

자기 순서를 기다리며 벽쪽의 의자에 앉아 있어요.

음향이나 조명, 의상 등을 맡은 제작진이 연습을 살펴봐요.

무대와 배우를 만들어요

연극의 시작이 기차역에서 남자 주인공과 여자 주인공이 만나는 장면이라면 배우들은 역에서 기다리는 연기를 연습할 거예요. 그리고 제작진들은 배경으로 기차역을 만들고, 여행을 떠나는 사람들에게 어울리는 의상과 소품을 준비할 거예요. 그렇다면 이런 준비는 어디에서 누가 하는 것인지 자세히 알아볼까요?

무대를 만들어요

공연에서 사용될 기차역과 같은 무대 세트를 만드는 곳을 무대 제작실이라고 해요. 국립극장은 우리나라에서 유일하게 무대 제작실 중에서 대형 세트를 만들 수 있는 무대 제작소를 가지고 있어요. 이곳에서 무대 디자이너가 작품에 맞게 무대를 정하고 나면, 목공 담당자와 무대 장치 제작진들이 나무를 자르고 조립해서 무대 장치를 만들지요. 그리고 작화 담당자들이 그림을 그려서 무대 뒤에 걸린 커다란 배경 그림을 만들어요. 이렇게 준비한 것을 조립하여 무대로 옮겨 설치하는 것이랍니다.

🌐 작화
그림을 그리는 거예요.

배우를 돋보이게 하는 옷

여행을 떠나는 여자의 멋진 외투와 기차를 기다리는 신사의 옷은 무대 의상실에서 담당해요. 무대의상 디자이너가 디자인한 옷을 무대 뒤쪽에 위치한 무대 의상실에서 만드는 거지요. 이곳에는 의상을 만드는 데에 필요한 재봉틀과 천, 실, 다리미, 세탁기 등이 있고, 다 만든 의상들을 걸어 두는 옷걸이가 있어요. 공연이 끝난 뒤에 의상은 의상 보관실에 잘 보관해 두어요. 그러다가 얼마 지나지 않아서 같은 작품을 다시 공연을 하게 되면 이 의상을 다시 손질해서 쓰면 된답니다.

배역을 가장 잘 표현할 의상을 디자인해요.

무대 제작실
기찻길을 그리고 나무로 붙여 무대를 만들어요.

무대 의상실
의상 디자이너가 디자인을 보면서 직접 의상을 준비해요.

장면을 완성하는 소품

소품은 배우들이 무대 위에서 손에 들거나 몸에 걸치고 이동하는 작은 물건들을 말해요. 예를 들면 기차역에서 기다리는 장면에서 배우들이 손에 지니고 있는 가방과 지팡이 같은 것이에요.

작품이 옛날 이야기라면 소품 역시 옛날 물건을 준비해야 하고, 외국을 배경으로 한 작품이라면 외국 물건을 소품으로 준비해야 해요. 그렇기 때문에 소품 디자이너는 평소에 다양한 시대와 장소, 직업 등에 관련된 사진이나 그림 자료를 모아 두었다가 작품마다 활용하며, 이를 만들고 보관하는 곳이 소품실이에요. 머리와 손발에 걸치는 **장신구**만을 전문적으로 만드는 장신구 디자이너도 있답니다.

🎎 **장신구**
몸을 꾸미는 데 쓰는 물건이에요.

소품이 있는 소품실
무대 위에서 등장인물이 들고 있는 물건을 만드는 곳이 소품실이에요.

배우를 완성시키는 분장

무대 의상을 입은 배우를 더욱 완벽하게 변신시켜 주는 것이 분장이에요. 배우의 얼굴과 머리를 배역에 알맞게 바꿔 주는 것이지요. 흔히 분장사라고 부르는 분장 디자이너는 연출가와 의상 디자이너 등 다른 제작진들과 의논하여 분장을 어떻게 할 것인지 결정을 해요. 작품을 분석하여 등장인물의 나이와 직업, 성격 등을 분장으로 나타내 주어야 하지요. 이렇게 분장을 하는 곳을 분장실이라고 하고, 공연 바로 직전에 분장을 하기 때문에 무대 바로 뒤쪽에 위치해 있어요.

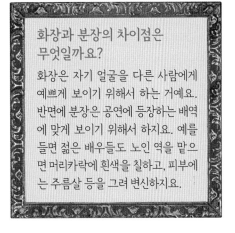

화장과 분장의 차이점은 무엇일까요?
화장은 자기 얼굴을 다른 사람에게 예쁘게 보이기 위해서 하는 거예요. 반면에 분장은 공연에 등장하는 배역에 맞게 보이기 위해서 하지요. 예를 들면 젊은 배우들도 노인 역을 맡으면 머리카락에 흰색을 칠하고, 피부에는 주름살 등을 그려 변신하지요.

분장 전

분장 후

분장실
배우가 등장인물로 완벽히 변신할 수 있도록 분장 디자이너가 분장을 해 줘요.

극장에 꼭 필요한 시설

안전을 위해 꼭 필요한 시설이에요.

지금까지 본 장소들은 모두 공연을 준비하는 곳이었어요. 하지만 국립극장에서 미처 둘러보지 못했지만 중요한 곳이 아직 두 군데 남아 있어요.

전기 시설과 발전 시설

앞에서 살펴본 것처럼 극장에는 다양한 장소가 있고, 그 안에는 조명, 음향 기구들이 있어요. 이 기구를 사용하기 위해서는 많은 전기가 필요해요. 또, 공연을 보러 온 관객들이 편안하게 관람하기 위해서 냉난방을 하고 있는데, 이것 역시 많은 전기가 필요해요.

이렇게 국립극장에서는 전기를 많이 사용하고 있기 때문에 별도의 전기 시설이 필요해요. 전기가 일정하게 공급되지 않으면 기구들이 망가지기도 하고, 갑자기 정전될 수도 있어요. 정전이 되면 극장 안은 칠흑 같이 어두워져서 큰 소동이 벌어지거든요.

하지만 이런 전기 시설이 있다고 해도 국립극장에 전기를 보내 주는 발전소나 변전소 등에서 사고가 생겨서 전기가 끊어지면 어쩔 도리가 없어요. 이런 일을 대비하여 국립극장 안에는 독립적인 발전 시설을 갖추고 있답니다. 많은 사람들이 모이는 곳이기 때문에 안전을 위해 꼭 필요한 시설이랍니다.

냉난방 시설

전기 시설

발전 시설

로비를 책임지는 하우스 매니저

공연이 있는 날, 극장의 로비에는 많은 사람들이 모여 있어요. 이 사람들이 안전하고 편안하게 공연을 보고 나오려면 로비를 관리하고 질서있게 운영하는 사람이 필요해요. 이 일을 맡은 사람이 바로 하우스 매니저예요.

하우스는 극장을 뜻하고, 매니저는 관리하는 사람이라는 말이에요. 그러니까 하우스 매니저는 극장에서 관객들이 가장 편안하게 공연을 볼 수 있도록 운영하는 사람이지요. 극장과 공연 작품에 누구보다도 많이 알고 있어 관객들에게 여러 가지 정보를 알려 주기

도 하고, 많은 사람들이 몰려 사고가 생길 위험이 있으면 공연 시간과 입장 시간을 조절하기도 해요. 하우스 매니저의 지시에 따라 운영을 돕는 사람은 하우스 도우미라고 해요.

하우스 매니저와 하우스 도우미
오른쪽의 하우스 매니저가 왼쪽의 하우스 도우미들에게 오늘 공연과 주의할 점을 이야기하고 있어요.

여기서 잠깐!

무슨 일을 하나요?

극장에서 일하는 사람과 무슨 일을 하는지 명칭과 설명을 연결해 보세요.

극장장 •   • 로비의 모든 일을 관리해요.

하우스 매니저 •   • 악기로 아름다운 소리를 내요.

의상 디자이너 •   • 극장의 큰 일을 책임져요.

연주자 •   • 배우가 무대에서 입을 옷을 준비해요.

☞ 정답은 72쪽에

이런 곳도 있어요

국립극장에는 공연에 관심을 가진 일반인과 어린이들을 위한 곳이 있어요. 국립극장의 다양한 공연 책자와 시청각 자료를 모아 둔 공연 예술자료실과, 어린이들이 극장이 어떤 곳인지 경험할 수 있는 극장 체험교실이에요.

모든 자료를 이곳에, 공연예술자료실

공연예술자료실은 1950년 국립극장이 개관한 뒤로 올렸던 모든 공연 자료를 보관하고 있는 곳이에요. 공연 포스터와 소개 책자는 물

론, 공연 장면을 찍은 사진과 녹음된 음향 자료 등이 있어요. 이와 함께 작품의 대본과 연습 일지는 물론 무대 디자인, 의상 디자인 등 공연의 모든 것이 담긴 자료가 있지요.

현재는 해오름극장 4층에 있는데, 다양한 책을 꽂아 놓은 서가와 공연 녹화 자료를 감상할 수 있는 시설이 있어요. 이곳의 자료는 일반 사람들도 들어와서 볼 수 있고, 2009년에 공연예술박물관이 완성되면 그곳으로 옮길 거예요.

공연예술자료실 밖의 복도에는 창단부터 지금까지 공연한 작품의 포스터와 대본, 스케치, 공연 사진 등을 전시해 두었어요.

서가에는 공연 예술과 관련된 책이 가득 꽂혀 있어요.

공연 자료를 여러 명이 함께 대형 화면으로 볼 수 있는 곳이에요.

여러 공연의 모습을 담은 동영상 자료를 헤드폰을 쓰고 혼자 볼 수 있는 곳이에요.

극장을 한눈에, 극장체험교실

국립극장이 어떤 곳인지 어린이와 일반인에게 알리기 위해 극장체험교실을 만들었어요. 단순히 건물을 둘러보는 것이 아니라, 공연이 만들어지는 과정을 알아보는 곳이에요.

관리동 3층의 극장체험교실에서는 국립극장을 돌아본 어린이들이 공연의 일부를 직접 몸으로 느껴 볼 수 있어요. 무대 의상을 살펴보고, 배역에 따라 무대 의상을 입어 볼 수 있어요. 또, 장신구나 소품을 함께 걸쳐 보고, 알맞은 분장도 해 보지요. 이곳의 소품이나 의상은 모두 실제 공연에 사용되었던 것이어서, 더욱 실감나는 체험을 할 수 있답니다.

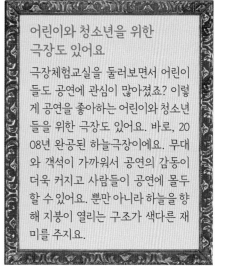

어린이와 청소년을 위한 극장도 있어요

극장체험교실을 둘러보면서 어린이들도 공연에 관심이 많아졌죠? 이렇게 공연을 좋아하는 어린이와 청소년들을 위한 극장도 있어요. 바로, 2008년 완공된 하늘극장이에요. 무대와 객석이 가까워서 공연의 감동이 더욱 커지고 사람들이 공연에 몰두할 수 있어요. 뿐만 아니라 하늘을 향해 지붕이 열리는 구조가 색다른 재미를 주지요.

✿ 이런 체험을 할 수 있어요

극장체험교실에서는 조명, 의상, 소품 등을 다루어 볼 수 있어요. 체험 프로그램은 조금씩 변경되지만 어떤 기구를 쓰는지, 의상이나 소품은 어떤 것인지 알아보는 시간이랍니다.

세계 여러 나라와 여러 공연의 의상과 소품이 전시되어 있어요.

조선 시대 왕실의 여자들이 쓰는 가채를 써 보아요.

극장 견학의 마지막은 극장체험교실을 둘러보는 거예요.

조명 기구의 역할과 작동 방법에 대해 알아보아요.

셀로판지를 사용해 조명의 색을 바꾸어 보아요.

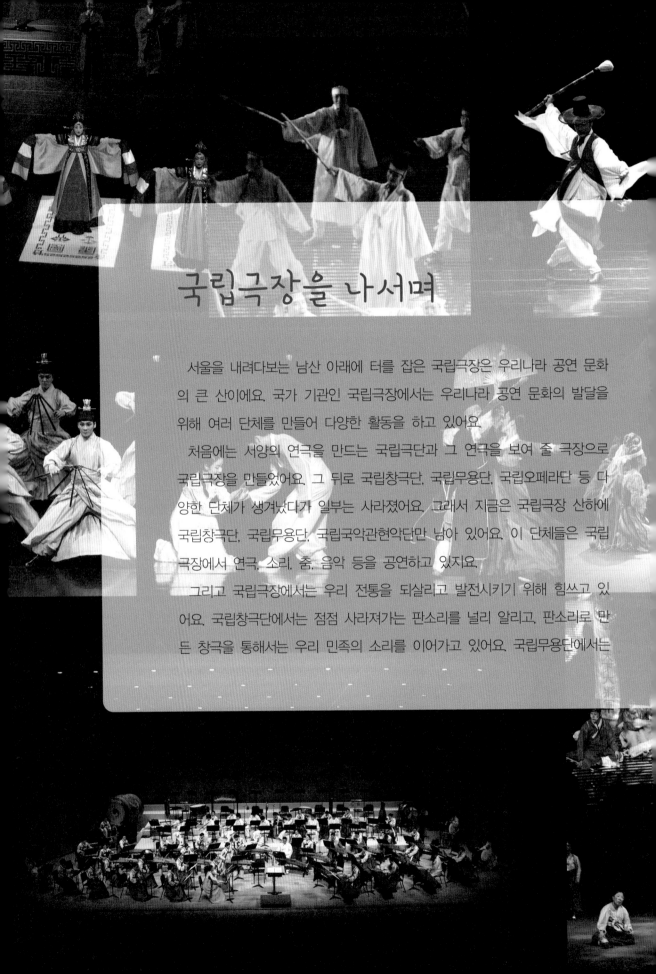

국립극장을 나서며

서울을 내려다보는 남산 아래에 터를 잡은 국립극장은 우리나라 공연 문화의 큰 산이에요. 국가 기관인 국립극장에서는 우리나라 공연 문화의 발달을 위해 여러 단체를 만들어 다양한 활동을 하고 있어요.

처음에는 서양의 연극을 만드는 국립극단과 그 연극을 보여 줄 극장으로 국립극장을 만들었어요. 그 뒤로 국립창극단, 국립무용단, 국립오페라단 등 다양한 단체가 생겨났다가 일부는 사라졌어요. 그래서 지금은 국립극장 산하에 국립창극단, 국립무용단, 국립국악관현악단만 남아 있어요. 이 단체들은 국립극장에서 연극, 소리, 춤, 음악 등을 공연하고 있지요.

그리고 국립극장에서는 우리 전통을 되살리고 발전시키기 위해 힘쓰고 있어요. 국립창극단에서는 점점 사라져가는 판소리를 널리 알리고, 판소리로 만든 창극을 통해서는 우리 민족의 소리를 이어가고 있어요. 국립무용단에서는

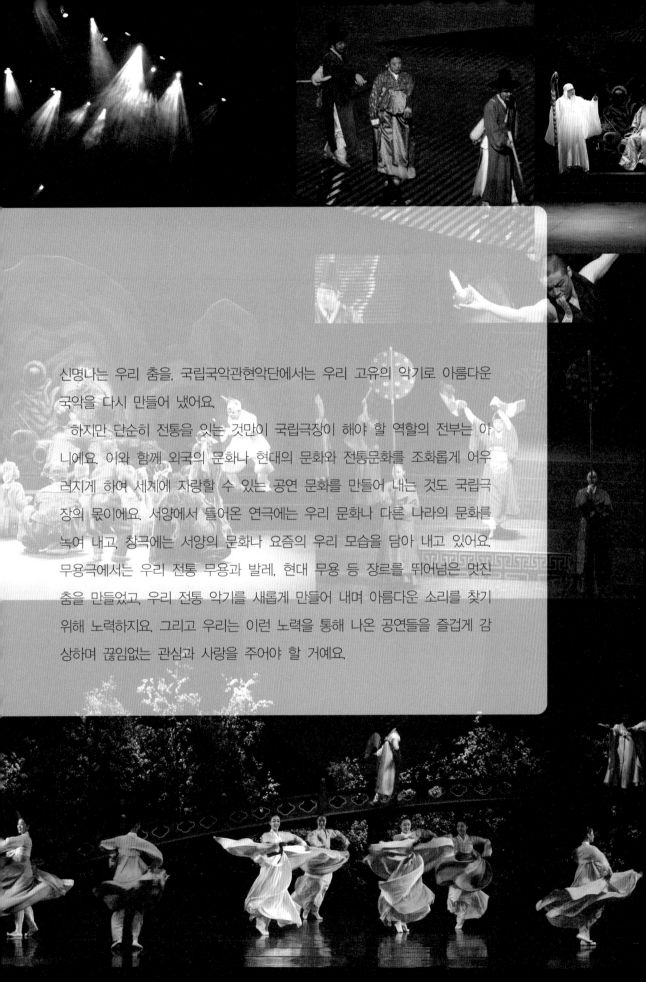

신명나는 우리 춤을. 국립국악관현악단에서는 우리 고유의 악기로 아름다운 국악을 다시 만들어 냈어요.

하지만 단순히 전통을 잇는 것만이 국립극장이 해야 할 역할의 전부는 아니에요. 이와 함께 외국의 문화나 현대의 문화와 전통문화를 조화롭게 어우러지게 하여 세계에 자랑할 수 있는 공연 문화를 만들어 내는 것도 국립극장의 몫이에요. 서양에서 들어온 연극에는 우리 문화나 다른 나라의 문화를 녹여 내고, 창극에는 서양의 문화나 요즘의 우리 모습을 담아 내고 있어요. 무용극에서는 우리 전통 무용과 발레, 현대 무용 등 장르를 뛰어넘은 멋진 춤을 만들었고, 우리 전통 악기를 새롭게 만들어 내며 아름다운 소리를 찾기 위해 노력하지요. 그리고 우리는 이런 노력을 통해 나온 공연들을 즐겁게 감상하며 끊임없는 관심과 사랑을 주어야 할 거예요.

나는 국립극장 박사!

극장의 로비에서부터 사무실, 무대 제작실, 무대 의상실 등 여러 장소들을 잘 둘러보았나요?
이 안에서 열심히 공연을 만드는 전속 단체들도 다 보았고요? 그렇다면 이번에는 국립극장에 대해
생각해 보는 시간을 준비했어요. 책 내용을 잘 생각해 보며 다음 문제를 풀어 보세요.

❶ 공연을 만드는 사람들

연극이나 무용극, 연주회까지 다양한 공연은 아래의 사람들이 만든 거예요. 사람들의 역할을 잘 생각해 보고
오른쪽의 설명과 연결해 주세요.

공연 프로듀서

배우가 들고 다니는 물건이나 몸에 두르는
물건을 만들어요.

안무가

공연의 전반적인 준비를 돕고, 운영해요.

소품 · 장신구 디자이너

공연 중에 무대의 모든 일을 지휘해요.

주연 배우

작품에 어울리는 춤을 만들어내요.

무대 감독

연극 공연에서 작품의 가장 중심이 되는
등장인물이에요.

② 가장 중요한 일은?

연극을 준비하는 과정에서 가장 중요하며 먼저 하는 일은 희곡을 결정하는 것으로, 작품의 내용을 정하는 일이에요. 그렇다면 다른 공연에서 제일 중요한 것은 무엇인지 생각해 보고, 빈칸에 써 보세요.

1. 창극에서 가장 중요한 것은 작품을 정한 뒤에 알맞은 곡을 붙이는 (   )이에요.

2. 국악 연주회에서 가장 중요한 것은 연주할 작품을 (   )하는 거예요.

3. 무용극에서 가장 중요한 것은 작품에 알맞은 춤사위를 (   )하는 거예요.

③ 상상해 보세요

아래는 국립극장의 창극인 〈토끼, 용궁에 가다〉의 공연 모습이에요.
사진을 보면서 어떤 이야기가 있는지 상상해서 써 보세요.

1.

2.

3.

4.

☞ 정답은 72쪽에

나만의 극장만들기

국립극장을 돌아다니면서 어떻게 공연이 만들어지는지 알아보았어요. 이번에는 내가 제작자가 되고 예술감독이 되어서 직접 공연을 만들어 볼 거예요. 극장을 만들고 어떤 공연을 할지 결정하는 것에서부터 전체 과정을 거치면 여러분의 극장이 완성될 거랍니다.

❶ 어떤 공연을 할까요?

우리가 읽은 책이나 좋아하는 이야기, 만든 이야기 등을 생각해 보고 어떤 이야기를 공연해 볼지 생각해 보세요. 그런 다음 세부적으로 계획을 세우고 준비해 보세요.

① 이야기 정하기
어떤 공연을 할 것인지 이야기와 공연 종류를 정하고, 그런 다음 줄거리를 정리해 보세요.

② 대본 쓰기
등장인물이 누구인지 정리하고, 배경이 어디인지 쓰는 등 대본을 써 보세요.

③ 공연 계획 세우기
등장인물의 모습이나 의상, 배경 등을 디자인해 보세요.

④ 공연 준비
등장인물과 등장인물이 입을 의상을 만들어 주세요. 그런 다음 작품의 배경을 그려 주세요.

등장인물을 먼저 만들어요.

등장인물이 입을 의상을 만들어요.

고래 뱃속을 배경으로 그려요.

❷ 극장을 만들어요

내가 기획한 공연을 올릴 극장을 만들어 볼까요?
바닥을 만들고 기둥을 세워 등 멋진 극장을 만들어 주세요.

① 무대와 무대 뒤의 바닥 만들기
스티로폼이나 우드락을 색지로 싸서 무대와 무대 뒤의 바닥을 만들어요. 그런 다음 인형의 뒤에 이쑤시개나 나무젓가락을 붙여서 이런 무대 바닥에 꽂으면 손쉽게 공연을 할 수 있어요.

② 무대 세우기
ㄷ자를 세운 모양으로 기둥을 만들어서 무대와 무대 뒤의 바닥을 연결해 주세요. 기둥이 쓰러지지 않도록 끈으로 기둥과 무대, 기둥과 무대 뒤의 바닥을 연결하여 세워 주세요. 그런 다음 막도 달면 멋지겠죠?

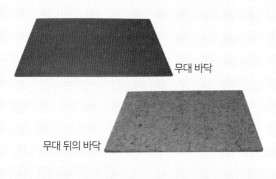

무대 바닥

무대 뒤의 바닥

무대에 기둥을 세우고, 그 사이에 배경 그림을 끼워 보세요. 마지막으로 막을 달아 주세요.

❸ 공연을 해요

극장의 기둥 사이에 배경 그림을 끼우고 공연 준비를 마쳤어요. 이제 막을 걷고 무대 앞에 등장인물 인형을 꽂아 멋진 공연을 해 보세요.

막을 걷으면 배경 그림이 보여요.

무대 앞에 등장인물을 세워요.

"할아버지,
이제 제가 구해 드릴게요.
걱정 마세요!"

정답

여기서 잠깐!

16쪽　물품 보관소, 대기실

25쪽　각자 다른 답이 나올 거예요.
　　　예) 장군 역을 맡아서 목소리를 우렁치게 내고,
　　　팔도 힘껏 흔들고 빠르게 뛰면서 용감한 모습을
　　　보여 주고 싶어요.

40쪽　각자 다른 답이 나올 거예요.
　　　예) 한복을 입은 여자들이 멋진 부채춤을 추고 있
　　　어요.
　　　하늘하늘 부채를 흔들며 여러 사람이 서로의
　　　부채를 이어 붙이니 아름다운 꽃이 되었어요.

46쪽

국립창극단　　　　　국악
국립무용단　　　　　판소리
국립국악관현악단　　전통 춤

63쪽

극장장　　　　　　　로비의 모든 일을
　　　　　　　　　　관리해요.

하우스 매니저　　　　악기로 아름다운
　　　　　　　　　　소리를 내요.

의상 디자이너　　　　극장의 큰 일을
　　　　　　　　　　책임져요.

연주자　　　　　　　배우가 무대에서 입을
　　　　　　　　　　옷을 준비해요.

나는 국립극장 박사!

❶ 공연을 만드는 사람들

연극이나 무용극, 연주회까지 다양한 공연은 아래의 사람들이 만든 거예요. 사람들의 역할을 잘 생각해 보고, 오른쪽의 설명과 연결해 주세요.

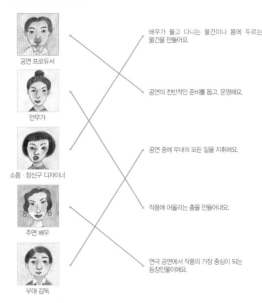

공연 프로듀서 — 배우가 들고 다니는 물건이나 몸에 두르는 물건을 만들어요.

안무가 — 공연의 전반적인 준비를 돕고, 운영해요.

소품·장산구 디자이너 — 공연 중에 무대의 모든 일을 지휘해요.

주연 배우 — 작품에 어울리는 춤을 만들어내요.

무대 감독 — 연극 공연에서 작품의 가장 중심이 되는 등장인물이에요.

❷ 가장 중요한 일은?

연극을 준비하는 과정에서 가장 중요하며 가장 먼저 하는 것은 희곡을 결정하는 것으로, 작품의 내용을 정하는 일이에요. 그렇다면 다른 공연에서 제일 중요한 것은 무엇인지 생각해 보고, 빈칸에 써 보세요.

1. 창극에서 가장 중요한 것은 작품을 정한 뒤에 알맞은 곡을 붙이는 (작곡) 이에요.
2. 국악 연주회에서 가장 중요한 것은 연주할 작품을 (작곡) 하는 거예요.
3. 무용극에서 가장 중요한 것은 작품에 알맞은 춤사위를 (안무) 하는 거예요.

❸ 상상해 보세요.

아래는 국립극장의 창극인 《토끼, 용궁에 가다》의 공연 모습이에요. 사진을 보면서 어떤 이야기가 있는지 상상해서 써 보세요.

예) 1.산신령이 나타나서 용왕님의 병에는 토끼의 간이 약이 된다는 말을 해 줘요.
　　2.별주부가 약을 구하러 용궁을 떠나 육지로 떠났어요.
　　3.별주부는 토끼를 만나 용궁으로 데려가기 위해서 거짓말을 했어요.
　　4.바닷속 용궁으로 간 토끼는 간이 없다며 거짓말을 해요.

사진

국립극장

3p(국립극장 전경), 7p(로비, 조명, 조명실), 8p(국립극장 야경), 9p(세계 국립극장 페스티벌), 11p(매표소, 좌석 안내도, 물품 보관소, 식음료 판매대, 화장실, 프로그램 판매대), 12p(오페라글라스), 14p(장애인석, 오늘의 손님방, 대기실), 15p(무대 감독실, 그랜드 피아노, 그랜드 피아노실, 조명기와 덧마루, 조명 창고), 16p(음향실), 19p(〈원술랑〉 공연, 판소리 공연, 〈산불〉 공연), 20p(창극 〈청〉 공연, 〈원술랑〉 포스터, 〈원술랑〉 공연 장면, 〈귀족놀이〉 공연), 22p(연극의 대본), 24p(연극 오디션 장면, 연습 장면1, 연습 장면2), 25p(무대에서 본 객석, 무대 세트 설치, 음향 장비 설치, 조명기 설치, 드레스리허설 장면), 26p(분장하는 장면, 의상 입는 장면, 머리 손질 장면, 무대 오를 준비하는 장면), 28p(창극 〈청〉 포스터, 창극 〈청〉 공연), 29p(완창판소리 포스터), 30p(〈수궁가〉, 〈적벽가〉, 〈흥보가〉, 〈춘향가〉, 〈심청가〉 공연 장면), 31p(창극 대본, 창극 오디션, 소리꾼과 기악부), 32-33p(창극 〈토끼, 용궁에 가다〉 포스터, 공연 장면1, 공연 장면2, 공연 장면3, 공연 장면4, 공연 장면5, 용왕, 토끼와 별주부, 숲 속 동물들), 35p(춘향가〉 공연, 〈밀레니엄 로드〉 공연, 국악관현악단 연습 장면), 36p(창단 공연 포스터, 국립무용단 창단 공연1, 국립무용단 창단 공연2), 39p(춘향 독무, 이도령 독무, 2인무, 군무), 40p(오디션1, 오디션2), 41p(발목 돌리기, 허리 들기, 다리 구부리기, 팔 뻗기, 윗몸 뻗기, 앞으로 엎드리기), 42p(연습실에서 연습 장면, 공연 장면), 43p(의상 디자인, 전통 의상 공연, 변형 의상 공연), 44-45p(〈밀레니엄 로드〉 포스터, 1막1, 1막2, 1막3, 1막4, 1막5, 1막6, 2막1, 2막2, 2막3, 2막4, 2막5, 2막6), 47p(국악관현악단 연주회 장면), 50p(전통 해금, 10현 대아쟁, 25현 가야금, 거문고), 51p(모듬북, 북한 개량 대금, 개량 소금, 향피리), 52p(관현악단 악보, 연습1, 연습2), 53p(리허설, 음향반사판 설치), 55p(극장체험교실1, 공연예술자료실1, 발전 시설 등), 56p(무대 의상실), 57p(연습실1, 연습실2, 연습실3, 연습실4), 62p(냉난방 시설, 전기 시설), 63p(하우스 매니저와 하우스 도우미), 64p(공연예술자료실2, 공연예술자료실3, 공연예술자료실4), 65p(극장체험교실2, 극장체험교실3, 극장체험교실4, 극장체험교실5), 66p(여러 공연 사진)

도트
70, 71p(나만의 극장 만들기 과정)

초등학교 교과서와 관련된 학년별 현장 체험학습 추천 장소

1학년 1학기 (21곳)	1학년 2학기 (18곳)	2학년 1학기 (21곳)	2학년 2학기 (25곳)	3학년 1학기 (31곳)	3학년 2학기 (37곳)
철도박물관	농촌 체험	소방서와 경찰서	소방서와 경찰서	경희대자연사박물관	IT월드(과천정보나라)
소방서와 경찰서	광릉	서울대공원 동물원	서울대공원 동물원	광릉수목원	강원도
시민안전체험관	홍릉 산림과학관	농촌 체험	강릉단오제	국립민속박물관	경희대자연사박물관
천마산	소방서와 경찰서	천마산	천마산	국립서울과학관	광릉수목원
서울대공원 동물원	월드컵공원	남산골 한옥마을	월드컵공원	국립중앙박물관	국립경주박물관
농촌 체험	시민안전체험관	한국민속촌	남산골 한옥마을	기상청	국립고궁박물관
코엑스 아쿠아리움	서울대공원 동물원	국립서울과학관	한국민속촌	서대문자연사박물관	국립국악원박물관
선유도공원	우포늪	서울숲	농촌 체험	선유도공원	국립부여박물관
양재천	철새	갯벌	서울숲	시장 체험	국립서울과학관
한강	코엑스 아쿠아리움	양재천	양재천	신문박물관	남산
에버랜드	짚풀생활사박물관	동굴	선유도공원	경상북도	남산골 한옥마을
서울숲	국악원박물관	고성 공룡박물관	불국사와 석굴암	양재천	롯데월드 민속박물관
갯벌	천문대	코엑스 아쿠아리움	국립중앙박물관	경기도	국립민속박물관
고성 공룡박물관	자연생태박물관	옹기민속박물관	국립민속박물관	이화여대자연사박물관	삼성어린이박물관
서대문자연사박물관	세종문화회관	기상청	전쟁기념관	전쟁기념관	서대문자연사박물관
옹기민속박물관	예술의 전당	시장 체험	판소리	천마산	선유도공원
어린이 교통공원	어린이대공원	에버랜드	DMZ	한강	소방서와 경찰서
어린이 도서관	서울놀이마당	경복궁	시장 체험	화폐금융박물관	시민안전체험관
서울대공원		강릉단오제	광릉	호림박물관	경상북도
남산자연공원		몽촌역사관	홍릉 산림과학관	홍릉 산림과학관	월드컵공원
삼성어린이박물관		국립현대미술관	국립현충원	우포늪	육군사관학교
			국립4·19묘지	소나무 극장	해군사관학교
			지구촌민속박물관	예지원	공군사관학교
			우정박물관	자운서원	철도박물관
			한국통신박물관	서울타워	이화여대자연사박물관
				국립중앙과학관	제주도
				엑스포과학공원	천마산
				올림픽공원	천문대
				전라남도	태백석탄박물관
				경상남도	판소리박물관
				허준박물관	한국민속촌
					임진각
					오두산 통일전망대
					한국천문연구원
					종이미술박물관
					짚풀생활사박물관
					토탈야외미술관

4학년 1학기 (34곳)	4학년 2학기 (56곳)	5학년 1학기 (35곳)	5학년 2학기 (51곳)	6학년 1학기 (36곳)	6학년 2학기 (39곳)
강화도	IT월드(과천정보나라)	갯벌	IT월드(과천정보나라)	경기도박물관	IT월드(과천정보나라)
갯벌	강화도	광릉수목원	강원도	경복궁	KBS 방송국
경희대자연사박물관	경기도박물관	국립민속박물관	경기도박물관	덕수궁과 정동	경기도박물관
광릉수목원	경복궁 / 경상북도	국립중앙박물관	경복궁	경상북도	경복궁
국립서울과학관	경주역사유적지구	기상청	덕수궁과 정동	고성 공룡박물관	경희대자연사박물관
기상청	경희대자연사박물관	남산골 한옥마을	경상북도	국립민속박물관	광릉수목원
농촌 체험	고창, 화순, 강화 고인돌유적	농업박물관	경희대자연사박물관	국립서울과학관	국립민속박물관
서대문자연사박물관	전라북도	농촌 체험	고인쇄박물관	국립중앙박물관	국립중앙박물관
서대문형무소역사관	고성 공룡박물관	서울국립과학관	충청도	농업박물관	국회의사당
서울역사박물관	충청도	서울대공원 동물원	광릉수목원	롯데월드 민속박물관	기상청
소방서와 경찰서	국립경주박물관	서울숲	국립공주박물관	몽촌토성과 풍납토성	남산
수원화성	국립민속박물관	서울시청	국립경주박물관	민주화현장	남산골 한옥마을
시장 체험	국립부여박물관	서울역사박물관	국립고궁박물관	백범기념관	대법원
경상북도	국립서울과학관	시민안전체험관	국립민속박물관	서대문자연사박물관	대학로
양재천	국립중앙박물관	경상북도	국립서울과학관	서대문형무소 역사관	민주화 현장
옹기민속박물관	국립국악원박물관 / 남산	양재천	국립중앙박물관	서울역사박물관	백범기념관
월드컵공원	남산골 한옥마을	강원도	남산골 한옥마을	조선의 왕릉	아인스월드
철도박물관	농업박물관 / 대법원	월드컵공원	농업박물관	성균관	서대문자연사박물관
이화여대자연사박물관	대학로	유명산	롯데월드 민속박물관	시민안전체험관	국립서울과학관
천마산	롯데월드 민속박물관	제주도	충청도	경상북도	서울숲
천문대	몽촌토성과 풍납토성	짚풀생활사박물관	서대문자연사박물관	암사동 선사주거지	신문박물관
철새	불국사와 석굴암	천마산	성균관	운현궁과 인사동	양재천
홍릉 산림과학관	서대문자연사박물관	한강	세종대왕기념관	전쟁기념관	월드컵공원
화폐금융박물관	서울대공원 동물원	한국민속촌	수원화성	천문대	육군사관학교
선유도공원	서울숲	호림박물관	시민안전체험관	철새	이화여대자연사박물관
독립공원	서울역사박물관	홍릉 산림과학관	시장 체험 / 신문박물관	청계천	중남미박물관
탑골공원	조선의 왕릉	하회마을	경기도	짚풀생활사박물관	짚풀생활사박물관
신문박물관	세종대왕기념관	대법원	강원도	태백석탄박물관	창덕궁
서울시의회	수원화성	김치박물관	경상북도	해인사 고려대장경과 장경판전	천문대
선거관리위원회	승정원 일기 / 양재천	난지하수처리사업소	옹기민속박물관	호림박물관	우포늪
소양댐	옹기민속박물관	농촌, 어촌, 산촌 마을	운현궁과 인사동	유니세프 한국위원회	판소리박물관
서남하수처리사업소	월드컵공원	들꽃수목원	육군사관학교	무령왕릉	한강
중랑구재활용센터	육군사관학교	정보나라	이화여대자연사박물관	현충사	홍릉 산림과학관
중랑하수처리사업소	철도박물관	드림랜드	전라북도	덕포진교육박물관	화폐금융박물관
	이화여대자연사박물관	국립극장	전쟁박물관	서울대학교 의학박물관	훈민정음
	조선왕조실록 / 종묘		창경궁 / 천마산	상수허브랜드	상수도연구소
	종묘제례		천문대		한국자원공사
	창경궁 / 창덕궁		태백석탄박물관		동대문소방서
	천문대 / 청계천		한강		중앙119구조대
	태백석탄박물관		한국민속촌		
	판소리 / 한강		해인사 고려대장경과 장경판전		
	한국민속촌		화폐금융박물관		
	해인사 고려대장경과 장경판전		중남미문화원		
	호림박물관		첨성대		
	화폐금융박물관		절두산순교성지		
	훈민정음		천도교 중앙대교당		
	온양민속박물관		한국에너지기술연구원		
	아인스월드		한국자수박물관		
			초전섬유퀼트박물관